經傳中以數字顯現的
儒家之道

董金裕著

文史哲學集成

文史哲出版社印行

國家圖書館出版品預行編目資料

經傳中以數字顯現的儒家知道 / 董金裕著.

-- 初版 -- 臺北市：文史哲, 民 107.04
　　頁；　公分. --（文史哲學集成；707）
ISBN 978-986-314-407-6（平裝）

1. 經學　2. 儒家　3. 文集

090.7　　　　　　　　　　　　107006695

文 史 哲 學 集 成　707

經傳中以數字顯現的儒家之道

著　　著：董　　　金　　　裕
出 版 者：文　史　哲　出　版　社
http://www.lapen.com.tw
e-mail：lapen@ms74.hinet.net
登記證字號：行政院新聞局版臺業字五三三七號
發 行 人：彭　　　正　　　雄
發 行 所：文　史　哲　出　版　社
印 刷 者：文　史　哲　出　版　社
臺北市羅斯福路一段七十二巷四號
郵政劃撥帳號：一六一八〇一七五
電話886-2-23511028・傳真886-2-23965656

定價新臺幣二八〇元

二〇一八年（民一〇七）四月初版

經傳中以數字顯現的
儒家之道

目　　次

序　言

　　小學畢業旅行時第一次到了高雄，無意中發現有些街道的名稱竟然與數字相關。後來經過搜尋，才知道那些路名是由一到十排列，分別為：一心、二聖、三多、四維、五福、六合、七賢、八德、九如、十全。除了感覺很有意思以外，對於各路名的涵意多半懵然不知，只有一心、四維、八德曾經在國歌歌詞、社會課上接觸過以外；三多則推測是老家祖厝神桌後牆壁上所掛圖像旁書寫的多福、多壽、多男子；其餘一概不解。後來上了高中，讀了大學，知識漸開，才逐漸完全了知其意，並對當初如此為街道命名的深切用意極表折服。

　　按高雄這十條街道的名稱其實寄託了人們多方面的期許，包括對道德心志的要求，如一心（寄寓大家同心協力）、四維（禮、義、廉、恥，本書有專文討論）、六合（上、下、東、西、南、北，暗寓胸懷天下）、八德（忠、孝、仁、愛、信、義、和、平）；對心目中理想人物的嚮往，如二聖（文聖孔子、武聖關公，寄寓文武雙全）、七賢（魏晉時期隱逸避世的阮籍、嵇康、山濤、劉伶、阮咸、向秀、王戎等竹林七賢，暗寓追求逍遙自在）；對美好生活的憧憬，如三多、五福（壽、富、康寧、攸好德、考終命，本書有專文討論）、九如（如山、如阜、如岡、如陵、如川之方至、如月之恆、如日之昇、如南山之壽、

如松柏之茂，寄寓諸事吉祥如意）、十全（取意十全十美，寄寓各方面都很完滿）。充分表達了社會各階層，包括士人與庶民的心願，激勵人們追求更加美好的生活，深具鼓舞人心的功效。

　　以跟數字相關的詞語為街道命名，用來表達願望，並非憑空想像出來的，而是有其深遠的淵源。其實在我國各家各派的典籍或思想中，早就出現過許多以數字顯現的道理，只不過所重在於道理而非數字，因此數字就未必如高雄街道的雜取人們的各種心願，而能由一到十的整齊排列。但不論各家的典籍、思想，或高雄街道的命名用意，都在於顯現某種道理，以期大家努力追求，共建美好的家園社會。可見運用數字只是一種方便，更值得我們重視並努力實踐體現的，其實是數字背後所蘊含的深刻道理。

　　作為我國思想主流的儒家，在其典籍中多次出現以數字顯現的道理。這些道理傳達了儒家思想中的主要成分，經過長期的發展流傳，對我國的政經教育、歷史文化、社會風俗等各方面都產生了深遠的影響，既彌足珍貴，更值得我們注重。近年以來，筆者即從儒家的經典中，抉取了若干以數字顯現的道理，撰寫成多篇論文在學術會議上發表。除論述其義蘊以外，更與現代社會相連結，以闡述其時代意義，期望在當今的社會仍然能夠發揮作用。

　　這些論文依數字的從小到大排列，依次為一、《論語・里仁》的「一貫之道」，二、《周易・十翼》的「三才之道」，三、《左傳・襄公二十四年》的「三不朽」，四、《古文尚書・

大禹謨》的「三事」，五、《論語・顏淵》的「四勿」，六、
《孟子・公孫丑上》的「四端」，七、《管子・牧民》的「四
維」，八、《尚書・堯典》的「五教」，九、《尚書・洪範》
的「五福」，十、《周禮・地官》的「六藝」，計共十篇。但
因《古文尚書》已被學界公認為偽書，《管子》雖然具有儒家
思想，但並不被認為是純粹儒家的典籍，故為求慎重，將此兩
篇列為附編，其餘八篇則為正編。

　　這十篇論文皆曾發表於學術會議，其中有幾篇並被學術期
刊收錄，已於各文之下分別注明。由於各學術會議、各學術期
刊對論文規格的要求並不完全相同，現在既然彙整為一書，因
而藉此機會統一體例，並修潤部分文句，期使意旨更為明白確
實。此外，考慮各篇皆附有當頁注，以交代引文出處，或對仍
有必要再解釋者加以說明，亦即所參引的著作從當頁注就可了
然，故於書末不再增列參引書目。

　　全書所收各篇文章皆屬筆者研讀儒家經典有所感受，並且
深信不疑的心得，雖不敢自認為絕對適切，但確實是反復沉潛
思考的成果，其中難免仍有尚待斟酌之處，祈願博雅君子不吝
指教，以匡補筆者的缺漏。

　　　　　　二〇一八年三月 **董金裕** 謹識於台北

正　編

壹、盡己而推
——《論語・里仁》「一貫之道」之所指及其意涵

一、前　言

到各地孔廟參拜，經常可以看到題有「道貫古今」字句的匾額、牌坊或對聯，這個詞語源自於《論語・里仁》所載孔門師生的一段對話：

> 子曰：「參乎！吾道一以貫之。」曾子曰：「唯。」子出，門人問曰：「何謂也？」曾子曰：「夫子之道，忠恕而已矣。」[1]

孔子在此自言其道「一以貫之」，類此孔子自述其道的話語，

---

[1] 朱熹著《論語集注・里仁》，台北：大安出版社《四書章句集注》，2005 年 8 月第 1 版第 5 刷，頁 96。

又可見於《論語・衛靈公》所載孔子與子貢的對話：

> 子曰：「賜也，女以予為多學而識之者與？」對曰：「然，
> 非與？」曰：「非也，予一以貫之。」[2]

據此兩章記載，可以充分看出孔子所講之道為「一以貫之」之
道（以下皆稱「一貫之道」），但此「一貫之道」所指究竟為
何？依〈論語・里仁〉所載，乃曾子所答之「忠恕」。然而依
《論語・衛靈公》另章所述孔子與子貢的問答，似乎別有所指，
其文曰：

> 子貢問曰：「有一言而可以終身行之者乎？」子曰：「其
> 恕乎！己所不欲，勿施於人。」[3]

則孔子所認為可以終身行之的「恕」，比較像是「一貫之道」。
「忠恕」與「恕」既有一字之差，而「忠恕」乃曾子所言，並
非孔子自述；「恕」則雖出自孔子之口，但孔子並未明言此即
為其「一貫之道」。則究以何者為「一貫之道」？難免造成爭
議。本文即試圖對此提出看法，先辨明「一貫之道」所指為何，
再根據其所指申明此「一貫之道」的意涵，兼辨明「忠恕」與
「恕」的關係。

二、曾子所答「忠恕」即為「一貫之道」

對於曾子所理解的「夫子之道，忠恕而已矣」，歷來《論
語》的主要注家，如何晏《論語集解》即引孔安國曰：

---

[2] 朱熹著《論語集注・衛靈公》，同 1，頁 225~226。
[3] 朱熹著《論語集注・衛靈公》，同 1，頁 232。

　　直曉不問，故答曰唯。[4]

皇侃《論語集解義疏》亦曰：

　　曾子曉孔子言，故直應爾而已，不諮問也。[5]

邢昺《論語正義》也說：

　　曾子直曉其理，更不須問，故答曰唯。[6]

三人所說，不啻若出一口。按皇侃、邢昺兩人之著皆屬為何晏《論語集解》所作之疏，依疏不破注之原則，其說與何晏無異，乃理所當然。然而朱熹《論語集注》在為《論語》作注上雖別闢蹊徑，依舊秉持類似的觀點，曰：

　　唯者，應之速而無疑者也。聖人之心，渾然一理，而泛應曲當，用各不同。曾子於其用處，蓋已隨事精察而力行之，但未知其體之一爾。夫子知其真積力久，將有所得，是以呼而告之。曾子果能默契其指，即應之速而無疑也。[7]

按朱熹所持義理立場與前三家不同，但也認為曾子所答即為孔子之意。至於也是為何晏《論語集解》作疏之劉寶楠《論語正義》，則改從另種角度認同前人之說曰：

---

[4] 何晏集解，邢昺疏《論語注疏・里仁》，台北：藝文印書館影印嘉慶二十年江西南昌府學開雕《重刊宋本論語注疏附校勘記》，頁 37。

[5] 皇侃疏《論語集解義疏・里仁》，台北：廣文書局，1977 年 7 月再版，頁127。

[6] 何晏集解，邢昺疏《論語注疏・里仁》，同 4，頁 37。

[7] 朱熹著《論語集注・里仁》，同 1，頁 96~97。

> 曾子時與門人同侍夫子，深知聖道，故夫子呼告之也。[8]

　　綜上所述，可見所有《論語》的主要注家，雖所持義理立場並不完全相同，卻異口同聲的認為曾子已直曉孔子之道，故對孔子「吾道一以貫之」之語應之而無疑，並以「忠恕」告門人，判定此即為孔子的「一貫之道」。

　　不料到了現代，卻開始有學者認為曾子所答門人之問，乃是曾子個人的心得，未必就是孔子之本意。如錢穆先生即表示：

> 曾子以忠恕闡釋師道之一貫，可謂雖不中不遠矣。然若由孔子言之，或當別有說。所謂仁者見仁，知者見知。讀者只當認此章乃曾子之闡述其師旨，如此而已。曾子固是孔門一大弟子，但在孔門屬後輩。孔子歿時，曾子年僅二十有九，正值孔子三十而立之階段。孔子又曰：「參也魯」，是曾子姿性較鈍，不似後代禪宗所謂頓悟之一派。[9]

雖已否定曾子所答「忠恕」即為孔子的「一貫之道」，但又稱「曾子以一貫闡釋師道之一貫，可謂雖不中不遠矣」，語氣尚稱婉轉含蓄。及至傅佩榮則直接批評道：

> 曾子小孔子四十六歲，從游時雖然才十六歲，但是孔子已經六十二歲了。入門甫十年，孔子即逝去。假如上引

---

[8] 劉寶楠著《論語正義·里仁》，台北：世界書局《新編諸子集成》第一冊，1972 年 10 月新 1 版，頁 81。

[9] 錢穆著《論語新解·里仁》，台北：三民書局，1973 年 8 月臺 3 版，頁 129。按此引文云：「孔子歿時，曾子年僅二十有九。」與《史記·仲尼弟子列傳》所載曾子年齡換算後並不相符，可能另有所據。又文中「姿性較鈍」之「姿」可能為「資」之誤字。

> 第二段話是在曾子二十歲左右發生的事，那麼以曾子「魯
> 鈍」資質，恐怕領悟有限。……請注意，這是曾子的心
> 得，而非孔子自己說的。試想，一位二十歲又資質平凡
> 的學生所說的心得，可以代表孔子的中心思想嗎？[10]

歸納錢、傅兩人所持理由有兩點：一為曾子述說「夫子之道，
忠恕而已矣」時還很年輕，二為曾子資質魯鈍平凡。但這兩點
理由是否可以成立，實大有斟酌的餘地，茲辨明如下。

　　就第一點而言，據《史記・仲尼弟子列傳》所載，曾子少
孔子四十六歲，[11]在孔門弟子中確實最為年輕，孔子死時他年
僅二十七歲。但年輕是否即無法領悟「一貫之道」？固然難以
證明。但就旁證而言，魏晉玄學家王弼死時年僅二十四歲，卻
能妙悟玄理，所著《老子注》、《周易注》迄今仍屬經典之作。
又如唐朝禪宗六祖惠能作「菩提本非樹，明鏡亦非臺，本來無
一物，何處惹塵埃」之偈語時，現雖難以考出確實年代，但一
般皆認為他當時年僅二十多歲。另如宋學的雙璧——朱熹與陸
象山，自幼即具有能疑好問及思考問題的精神，在他們兒少時
期，讀書時即對書中所述道理有深切的體會，或喜而好之，或
反求諸心。[12]類似之例雖然不可能很多，但也不乏其人。可見
年輕並不是問題，何況正因為年輕，較少受到世俗的習染，反

---

[10] 傅佩榮〈孔子的一貫之道〉，台北：《國魂》551 期，1991 年 10 月出刊，
　　頁 79。按此引文云「上引第二段話」，所指即為《論語・里仁》所載孔子
　　與曾子，及曾子與門人的對話。此引文又云曾子從游孔子時「才十六歲」，
　　不知所據為何。

[11] 司馬遷撰，裴駰集解，司馬貞索隱，張守節正義《史記・仲尼弟子列傳》，
　　台北：藝文印書館影印清武英殿刊本，頁 883。

[12] 請詳參拙著《朱熹學術考論・壹、從幼年性向暨師承關係看朱、陸對為學工
　　夫觀點的異同》，台北：里仁書局，2008 年 12 月 30 日初版，頁 1-24。

而能發揮其靈明的本性,在義理上較有迥異於常人的深刻體悟。

　　就第二點而言,據《論語‧先進》所載,孔子也確實嘗謂「參也魯」。[13]但所謂魯,《說文解字》云:「魯,鈍詞也。」段玉裁注云:「《釋名》曰:『魯,魯鈍也。國多山水,民性樸鈍。』」[14]可見魯有樸拙篤實之意,故朱熹注云:「魯,鈍也。程子曰:『參也竟以魯得之。』又曰:『曾子之學,誠篤而已,聖門學者,聰明才辯,不為不多,而卒傳其道,乃質魯之人爾。故學以誠實為貴也。』尹氏曰:『曾子之才魯,故其學也確,所以能深造乎道也。』」[15]由此可見魯鈍自有其純樸篤厚之處,並非絕不可取,更非「領悟有限」、「資質平凡」。

　　再就孔子的教學情況而論,頗為人所津津樂道者厥為他對學生的個性、才能知之甚深,故能因材施教。了解學生個性之例,如:

> 子路問:「聞斯行諸?」子曰:「有父兄在,如之何其聞斯行之?」冉有問:「聞斯行諸?」子曰:「聞斯行之。」公西華曰:「由也問聞斯行諸,子曰『有父兄在』;求也問聞斯行諸,子曰『聞斯行之』。赤也惑,敢問。」子曰:「求也退,故進之。由也兼人,故退之。」[16]

子路、冉有兩人所問問題相同,孔子卻給予截然不同的答案,難怪公西華會大惑不解,原來是孔子針對兩人個性之差異而施

[13] 朱熹著《論語集注‧先進》,同1,頁175。
[14] 許慎著,段玉裁注《說文解字注》,台北:黎明文化事業公司,1978年11月4版,頁138。
[15] 朱熹著《論語集注‧里仁》,同1,頁175。
[16] 朱熹著《論語集注‧先進》,同1,頁176。

與不同的教導。了解學生才能之例，如：

> 孟武伯問：「子路仁乎？」子曰：「不知也。」又問，
> 子曰：「由也，千乘之國，可使治其賦也，不知其仁也。」
> 「求也何如？」子曰：「求也，千室之邑，百乘之家，
> 可使為之宰也，不知其仁也。」「赤也何如？」子曰：
> 「赤也，束帶立於朝，可使與賓客言也，不知其仁也。」[17]

子路、冉求、公西赤具有不同的才能，徵諸《論語》各篇章所
載，確如孔子所言，故能清楚指明。

　　類似此種對學生的個性、才能了解程度頗深的實例還有很
多，在此不一一列舉。

　　另外孔子教學，除了對弟子當面教導以外，對弟子私底下
的行為及生活也有深入的觀察了解，如：

> 子曰：「吾與回言終日，不違如愚。退而省其私，亦足
> 以發，回也不愚。」[18]

又如：

> 子曰：「語之而不惰者，其回也與？」[19]

　　對於弟子的不當行為或行事，常當面或公開糾正、指責。
糾正其行為不當之例，如：

> 子貢方人。子曰：「賜也賢乎哉？夫我則不暇。」[20]

---

[17] 朱熹著《論語集注・公冶長》，同1，頁104。
[18] 朱熹著《論語集注・為政》，同1，頁73。
[19] 朱熹著《論語集注・子罕》，同1，154。

指責其行事之不當者，如：

> 季氏富於周公，而求也為之聚斂而附益之。子曰：「非
> 吾徒也。小子鳴鼓而攻之可也。」[21]

　　類此之實例亦甚多，此不一一列舉。由是觀之，孔子對曾
子所說「夫子之道，忠恕而已矣」，如不以為然，必定會找機
會澄清或糾正，但我們卻找不到類似的記載。

　　進而比較孔子兩次自述其道為「一以貫之」之道的情境，
對曾子時直接說「參乎！吾道一以貫之。」對子貢時則先以「賜
也，女以予為多學而識之者與？」考驗之，等到子貢對曰：「然，
非與？」之後，才說「非也，予一以貫之。」兩相對照，應該
可以看出誠如朱熹所言，孔子確實深知曾子「真積力久，將有
所得，是以呼而告之。」亦如劉寶楠所言，「曾子……深知聖
道，故夫子呼告之也。」

　　綜上所述，認為曾子年輕、魯鈍而不能領悟孔子的「一貫
之道」，不僅不了解曾子，更是不了解孔子，因此現代某些學
者的懷疑，只是大膽假設，並未深入求證，其說顯然並不可取。
歷來《論語》主要注家所共認的曾子所答「夫子之道，忠恕而
已矣！」應屬孔子的「一貫之道」無疑，故劉寶楠《論語正義》
乃斷之曰：「忠恕之道即一以貫之之道。」[22]

三、由忠而恕，推己以及物

---

[20] 朱熹著《論語集注・憲問》，同 1，頁 217。
[21] 朱熹著《論語集注・先進》，同 1，頁 174。
[22] 劉寶楠著《論語正義・里仁》，同 8，頁 82。

前已論證曾子所答忠恕即為孔子的「一貫之道」，但所謂忠恕，其意究竟為何？又忠恕與孔子答子貢之問，以為可以終身行之的恕，關係又如何？凡此即為本節所要探究者。

就忠恕的意義而言，據《說文解字》對此二字的解釋云：

> 忠，敬也。盡心曰忠。从心中聲。[23]

又云：

> 恕，仁也。从心如聲。

段玉裁注云：

> 孔子曰：「能近取譬，可謂仁之方也矣！」孟子曰：「彊恕而行，求仁莫近焉。」是則為仁不外於恕，析言之則有別，渾言之則不別也。仁者親也。[24]

按就字形之結構言，忠、恕皆屬形聲字，但形聲多兼會意，忠「从心中聲」，意謂從心中自然流露而出，毫無虛假造作；恕「从心如聲」，意謂視他人之心如我之心，即具有同理之心。

對此二字的解釋，歷來《論語》主要注家的用語雖有不同，但所講與《說文解字》所釋並無差異。如皇侃《論語義疏》曰：

> 忠謂盡中心也，恕謂忖我以度於人也，言孔子之道，更無他法。故用忠恕之心，以己測物，則萬物之理，皆可窮驗也。[25]

---

[23] 許慎著，段玉裁注《說文解字注》，同 14，頁 507。
[24] 許慎著，段玉裁注《說文解字注》，同 14，頁 508。
[25] 皇侃疏《論語集解義疏・里仁》，同 5，頁 127-128。按何晏《論語集解》

邢昺《論語正義》曰：

> 忠謂盡中心也。恕謂忖己度物也。言夫子之道唯以忠恕
> 一理以統天下萬物之理，更無他法。[26]

兩者皆屬為何晏《論語集解》所作之疏，說法如出一轍。至朱熹《論語集注》則曰：

> 盡己之謂忠，推己之謂恕。……或曰：「中心為忠，如
> 心為恕。」於義亦通。[27]

雖有兩解，但觀點類似，與前述兩人之說其實並無不同。劉寶楠《論語正義》亦曰：

> 忠恕者，〈周語〉云：「中能應外，忠也。〈曾子大孝〉
> 云：「忠者，中此者也。」《周官·大司徒》注：「忠，
> 言以中。」《賈子·道術》：「以己量人謂之恕。」[28]

各人所講，或詳或略，皆謂忠乃針對自己能發自內心，盡其能力而言；恕則能於盡己以後，進而以己度人，並推之於物。

就忠與恕的關係而言，朱熹對此論述極多，試舉數例如下：

> 忠因恕見，恕由忠出。[29]

> 忠只是一個忠，做出百千個恕來。[30]

說明唯有忠才有恕，沒有了恕，則無法顯現忠，兩者實屬一體。

對「忠恕」二字並未注解。
[26] 何晏集解，邢昺疏《論語注疏·里仁》，同 6，頁 37。
[27] 朱熹著《論語集注·里仁》，同 1，頁 97。
[28] 劉寶楠著《論語正義·里仁》，同 8，頁 82。
[29] 黎靖德編《朱子語類》，台北：文津出版社，1986 年 12 月出版，頁 671。
[30] 黎靖德編《朱子語類》，同 29，頁 672。

故朱熹又以體用關係形容，曰：

> 忠恕只是體用，便是一個物事。[31]

> 忠是體，恕是用，只是一個物事。[32]

朱熹類似上引四則之話語頗多，不一一列舉。劉寶楠對兩者的關係也有頗為清楚的闡述，曰：

> 蓋忠恕理本相通，忠之為言中也，中之所存，皆是誠實。《大學》所謂誠意，勿自欺也，即是忠也。《中庸》云「誠者非自成己而已也，所以成物也。」《中庸》之誠，即《大學》之誠意。誠者實也，忠者亦實也。君子忠恕，故能盡己之性；盡己之性，故能盡物之性。非忠則無由恕，非恕亦奚為忠也？《說文》訓恕為仁，此因恕可求仁，故恕即為仁，引申之義也。是故仁者己欲立而立人，己欲達而達人，己立己達，忠也；立人達人，恕也；二者相同，無偏用之勢。[33]

將忠比擬為《大學》之誠意、《中庸》之誠，進而把誠之成己而成物比擬為由忠而恕，推己及物；又引用孔子稱仁者己欲立而立人，己欲達而達人，從己立己達到立人達人，亦係由忠而恕，推己及（人）物的一貫發展。

　　由上舉朱熹、劉寶楠此分別代表宋學、漢學之《論語》主要注家的說解觀之，或謂忠恕乃體用關係，或謂兩者道理相通，並無偏用之勢。可見唯有忠才能恕，若非恕則無以見忠，忠為

---

[31] 黎靖德編《朱子語類》，同29，頁672。
[32] 黎靖德編《朱子語類》，同29，頁672。
[33] 劉寶楠著《論語正義‧里仁》，同8，頁82。

恕的前提，恕乃忠的發展。因此單舉一恕字其實已包涵忠在內，故孔子自言其道「一以貫之」，而當子貢問可有「一字」而可以終身行之者乎？遂以恕一字概括之。

四、結　語

據《論語》所載，孔子曾兩度自言「吾道一以貫之」，後人遂稱孔子所傳之道為「一貫之道」。然此「一貫之道」所指為何？孔子並未明言，曾子則於回答門人之問時說：「夫子之道，忠恕而已矣！」歷來《論語》主要注家，包括何晏、皇侃、邢昺、朱熹、劉寶楠等，雖所持義理立場並不盡同，但都認為孔子的「一貫之道」即為曾子所體悟的忠恕。

然而到了現代，卻有學者持反對意見，認為曾子在孔門中屬極為年輕之弟子，且其資質魯鈍平凡，領悟能力有限，其所領會的忠恕未必即為孔子的「一貫之道」。

為評斷是非，本文分從曾子的年紀、資質等個人情況，以及孔子因充分了解學生的個性、才能，故能因材施教；亦能考察弟子課後之言行，並隨時指點；尤其是在眾多弟子當中只對曾子提起其道「一以貫之」，而對曾子答門人之語亦未見有所澄清或糾正。合此諸端，可見現代學者之懷疑並無直接證據，其說實難以成立。曾子所答忠恕即為歷來《論語》主要注家所共認的孔子「一貫之道」，應屬確實可信。

——原發表於 2016 年 11 月廈門「第八屆海峽兩岸國學論壇」，後被收錄於《吉林師範大學學報（人文社會科學版）》第 1 期，2017 年 1 月

貳、人與天地的交融

——《周易‧十翼》「三才之道」的意蘊及其對吾人的啟示

一、前　言

　　孔子曾經感嘆他對夏、殷之禮雖能言之，但由於文獻不足，作為夏、殷之後的杞、宋兩國都無法證明。[1]司馬遷撰述《史記‧五帝本紀》時，更對作為五帝之首的黃帝，因為「書缺有間」，以致流傳下來的事跡不夠完整而深以為憾。[2]則較夏、殷，以至黃帝更早的傳說人物伏羲氏，究竟為何而畫八卦？當時史料已經蕩然無存，根本沒有什麼文獻可徵，惟《周易‧繫辭傳下第二章》云：

> 古者包犧氏之王天下也，仰則觀象於天，俯則觀法於地，觀鳥獸之文與地之宜，近取諸身，遠取諸物。於是始作

---

[1] 朱熹著《論語集注‧八佾》：「子曰：『夏禮吾能言之，杞不足徵也；殷禮吾能言之，宋不能徵也。文獻不足故也，足則吾能徵之矣。』」台北：大安出版社《四書章句集注》，2005年8月第1版5刷，頁84-85。

[2] 司馬遷撰《史記‧五帝本紀》：「太史公曰：『學者多稱五帝，尚矣！然《尚書》獨載堯以來，而百家言黃帝，其文不雅馴，薦紳先生難言之。……書缺有間矣，……非好學深思，心知其意，固難為淺見寡聞道也。余并論次，擇其言尤雅者，故著為本紀書首。』」台北：藝文印書館據清乾隆武英殿刊本影印《史記》，頁40-41。

> 八卦，以通神明之德，以類萬物之情。[3]

蓋人生息於天地之間，在仰觀天文、俯察地理，並以與動植飛走接觸的經驗，以及探討自身暨萬物的體會，必然有所感受。於是想要以簡馭繁，以會通了解造物者創生萬物之德，並描摹刻畫萬物的多樣情態。就有聰明睿智者出來，可能是一個人，也極有可能是一群人，後世即稱之為包犧氏，創發了一些符號，加以擬議形容，名之曰八卦。此乃極為合乎情理之事，故後世對於伏羲之始作八卦，幾乎沒有懷疑之者。

人既然生息於天地之間，與天地的關係究竟如何？《周易·繫辭傳下第十章》傳達了初步的訊息：

> 《易》之為書也，廣大悉備，有天道焉，有人道焉，有地道焉。兼三材而兩之，故六。六者非它也，三材之道也。[4]

將天道、人道、地道合稱為「三材之道」。與此段敘述類似而較完備者，還有《周易·說卦傳第二章》：

> 昔者聖人之作《易》也，將以順性命之理，是以立天之道曰陰與陽，立地之道曰柔與剛，立人之道曰仁與義。兼三才而兩之，故《易》六畫而成卦。分陰分陽，迭用柔剛，故《易》六位而成章。[5]

也將天道、地道、人道合而論之，並將立天之道定位為陰與陽，

---

[3]　王弼、韓康伯注，孔穎達疏《周易正義》，台北：藝文印書館影印嘉慶二十年江西南昌府學開雕《重刊宋本周易注疏附校勘記》，頁166。

[4]　王弼、韓康伯注，孔穎達疏《周易正義》，同3，頁175。

[5]　王弼、韓康伯注，孔穎達疏《周易正義》，同3，頁183。

立地之道定位為柔與剛，立人之道定位為仁與義，三者相互呼
應，並稱為「三才」。

　　以上兩段引文，皆述及「兼三才（材）而兩之」，所指為
《周易》共六十四卦，每卦都有六爻，最底下一組的初、二爻
代表地道，中間一組的三、四爻代表人道，最上面一組的五、
上爻代表天道，此為「兼三才（材）」；每一組都是兩個爻，
此為「兩之」。除此兩段引文之外，《周易‧繫辭傳上第二章》
又云：

　　　六爻之動，三極之道也。[6]

則將六爻的運動變化稱之為「三極之道」。

　　以上三則引文對六爻或稱「三材之道」，或稱「三才」，
或稱「三極之道」，用語並不完全一致，其意義是否相同？又
「三才之道」所包含的意蘊為何？對吾人又有什麼啟示？凡此
皆是本文想要探究的重點。

二、三材、三才、三極異名而同實

　　《周易‧繫辭傳下第十章》提及天地人之道，因版本不同
而有異文，王弼、韓康伯注，孔穎達疏《周易正義》，與朱熹
《周易本義》皆作「兼三材而兩之」、「三材之道」；但李鼎
祚《周易集解》、來知德《周易集註》、李光地《周易折中》、
惠棟《周易述》則作「兼三才而兩之」、「三才之道」。或作
「材」，或作「才」，據朱駿聲《說文通訓定聲》「材」字下
云：

---

[6] 王弼、韓康伯注，孔穎達疏《周易正義》，同3，頁146。

> 《論語》「無所取材」，鄭注引或說：「古字材、哉同耳，又為才。」《易‧繫辭》「象者，材也。」注：「才德也。」[7]

按《說文解字》「材」字下云：

> 材，木梃也，从木才聲。[8]

材以才為聲符，兩字同音，可以通假，故「三材之道」即「三才之道」也。

至於《周易‧說卦傳第二章》述及天地人之道，各種不同的版本皆作「兼三才而兩之」，並無異文。此處既無異文，配合上述「材」、「才」兩字可相通，故本文標題以「三才之道」定之。

另《周易‧繫辭傳上第二章》曾提到「三極之道」，所謂「三極」，韓康伯注云：

> 三極，三材也。兼三材之道，故能見吉凶，成變化也。[9]

孔穎達疏云：

> 是天地人三才至極之道，以其事兼三才，故能見吉凶而成變化也。[10]

陸德明《經典釋文》云：

---

[7] 朱駿聲撰《說文通訓定聲》，台北：藝文印書館，1994 年 1 月初版 5 刷，頁 238。

[8] 許慎著，段玉裁注《說文解字注》，台北：黎明文化事業有限公司影印經韵樓藏版，1978 年 11 月 4 版，頁 255。

[9] 王弼、韓康伯注，孔穎達疏《周易正義》，同 3，頁 146。

[10] 王弼、韓康伯注，孔穎達疏《周易正義》，同 3，頁 146。

鄭、韓云「三才也。」王肅云「陰陽、剛柔、仁義為三
極。」[11]

惠棟《周易述》云：

極，中也。三極謂天地人。民受天地之中以生，故稱三
極，六爻兼三才而兩之者，故六爻之動，三極之道。[12]

可見歷來《周易》之注家皆以為「三極」即「三材」或「三才」。
綜上所述，「三極之道」即「三材之道」，亦即「三才之道」
也。

　　三才、三材、三極既然皆指天地人三者，意義相同，但何
以用字卻有所差異？筆者以為意義雖然無別，惟各有所指：「才」
係就才能而言，「材」乃就功用而言，「極」則就支持的力量
及達到的境界而言。茲先簡要論述如下，其詳可參見下節所闡
發者。

　　按《說文解字》「才」字下，段玉裁注曰：

生人之初，而萬善畢具焉，故人之能曰才，言人之所蘊
也。[13]

來知德《周易集註》曰：

才者能也，天能覆，地能載，人能參天地，故曰才。[14]

[11] 陸德明撰《經典釋文》，台北：鼎文書局，1975 年 3 月再版，頁 31。
[12] 惠棟撰《周易述》，北京：中華書局，2007 年 9 月第 1 版，頁 249。
[13] 許慎著，段玉裁注《說文解字注》，同 8，頁 274。
[14] 來知德撰《周易集註》，台北：臺灣商務印書館景印文淵閣《四庫全書》第
32 冊，頁 32-389。

凡此皆可見，之所以使用「才」字，所指即為人先天所蘊含的才性，或能參贊天地之化育的能力。

又《說文解字》「材」字下，段玉裁注曰：

> 材謂可用也。《論語》「無所取材」，鄭曰：「言無所取桴材也。」……材引伸之義，凡可用之具皆曰材。[15]

可見使用「材」字，則所指為有其功用的材料。

又《說文解字》「極」字下云：「極，棟也」，段玉裁注曰：

> 李奇注〈五行志〉、薛綜注〈西京賦〉，皆曰三輔名梁為極。按此正名棟為極耳，今俗語皆呼棟為梁也。[16]

配合《說文解字》「棟」字下云：「棟，極也。」[17]可見極即為支撐屋宇的棟梁，具有支持的力量。此可見使用「極」字，乃就支持之力量而言。

又按《說文解字》「極」字下，段玉裁另注曰：

> 引伸之義，凡至高至遠皆謂之極。[18]

「棟」字下云：「棟，極也。」段玉裁亦注曰：

> 極者，謂屋至高之處。〈繫辭〉曰：「上棟下宇。」五架之屋，正中曰棟。〈釋名〉曰：「棟，中也，居屋之

---

[15] 許慎著，段玉裁注《說文解字注》，同 8，頁 255。
[16] 許慎著，段玉裁注《說文解字注》，同 8，頁 256。
[17] 許慎著，段玉裁注《說文解字注》，同 8，頁 256。
[18] 許慎著，段玉裁注《說文解字注》，同 8，頁 256。

中。」[19]

「至高至遠」、「屋至高之處」、「正中」，皆有達到極致，
或平正不偏之義，此為修養所欲達到的境界。可見使用「極」
字，又可指所要企及的境地。

綜言之，三才、三材、三極雖然異名，但所指皆為天地人
之道，不過三才係就才性或能力而論，三材乃就功能或作用而
論，三極則就支撐的力量以及達到的境地而論，各有其著重之
處也。

三、「三才之道」的意蘊

結合「才」、「材」、「極」三個字的字義，配合《周易‧
十翼》的相關記載，以及歷來《周易》注家的詮釋，可以看出
三才之道蓋具有下列四點意義：

（一）始源義

「才」字，據《說文解字》云：

　艸木之初也，從｜上貫一，將生枝葉也。一，地也。[20]

高鴻縉《中國字例》有清楚的說明：「按才為才始之本字。從
種子下才生根，上才生芽之形。而以一表地之通象。」[21]另段
玉裁《說文解字注》也說：

---

[19] 許慎著，段玉裁注《說文解字注》，同8，頁256。
[20] 許慎著，段玉裁注《說文解字注》，同8，頁274。
[21] 高鴻縉撰《中國字例》上冊，台北：廣文書局，1964年9月初版，頁48。

引伸為凡始之稱。〈釋詁〉曰:「初、哉,始也。」哉
即才,故哉生明亦作才生明。凡才、材、財、裁、纔字,
以同音通用。[22]

　　兩人的說法雖有本義、引伸義的不同,但皆認為「才」有
開始之義。《周易・乾卦象傳》云:

大哉乾元,萬物資始,乃統天。雲行雨施,品物流行。[23]

朱熹《周易本義》釋之曰:

元,大也,始也。乾元天德之大始,故萬物之生皆資之
以為始也。[24]

指出因有乾元之德,萬物才能有所憑藉而開始創生。又《周易・
坤卦象傳》曰:

至哉坤元,萬物資生,乃順承天。坤厚載物,德合無疆。
[25]

朱熹《周易本義》釋之曰:

此以地道明坤之義而首言元也。至,極也,比大義差緩。
始者氣之始,生者形之始。[26]

指出有坤元之德,萬物才能開始具有形體且不斷生長。

---

[22] 許慎著,段玉裁注《說文解字注》,同 8,頁 274。
[23] 王弼、韓康伯注,孔穎達疏《周易正義》,同 3,頁 10。
[24] 朱熹撰《周易本義》,台北:華正書局,1983 年 10 月初版,頁 175。
[25] 王弼、韓康伯注,孔穎達疏《周易正義》,同 3,頁 18。
[26] 朱熹撰《周易本義》,同 24,頁 178。

　　綜合上舉乾、坤兩卦的〈彖傳〉，可見乾、坤二德皆有「元始」之義。而〈乾卦彖傳〉言「萬物資始」，〈坤卦彖傳〉言「萬物資生」，乃一指氣而言，一指形而言。有氣有形，才能開始形成繽紛的世界，此即〈咸卦彖傳〉所謂「天地感而萬物化生」，[27]〈姤卦彖傳〉所謂「天地相遇，品物咸章也。」[28]

　　在天地開始創生萬物，並使萬物不斷成長之後，人也從萬物生生不已的現象，體察到天地化生之道，由觀乎天文而開始以詩書禮樂等人倫之道教化眾民，成就良風美俗，將人道與天道結合為一，此即〈賁卦彖傳〉所謂「觀乎天文，以察時變；觀乎人文，以化成天下」[29]也。

（二）作用義

　　「材」字，據《說文解字》云：「木梃也。」段玉裁注曰：

> 材謂可用也。《論語》：「無所取材」，鄭曰：「言無所取桴材也。」……材引伸之義，凡可用之具皆曰材。[30]

朱駿聲《說文通訓定聲》云：

> 〈周語〉「讓文之材也」，注：「用也。」《史記‧弟子傳》「無所取材」，集解：「適用曰材。」[31]

徐鍇《說文繫傳》云：

27　王弼、韓康伯注，孔穎達疏《周易正義》，同3，頁82。
28　王弼、韓康伯注，孔穎達疏《周易正義》，同3，頁104。
29　王弼、韓康伯注，孔穎達疏《周易正義》，同3，頁62。
30　許慎著，段玉裁注《說文解字注》，同8，頁254。
31　朱駿聲撰《說文通訓定聲》，同7，頁238。

> 木之勁直堪入於用者，故曰入山掄才，掄可為材者也。
> 人之有材，義出於此。[32]

凡此皆可見「材」有作用之義，結合來知德《周易集註》所云「才者能也，天能覆，地能載，人能參天地，故曰才。」[33]材、才以同音通用，則謂天、地、人各有其能，而發揮能覆、能載、能參天地之作用也。

天地之作用，據《周易·繫辭傳上第一章》云：

> 乾道成男，坤道成女，乾知大始，坤作成物。[34]

朱熹《周易本義》曰：「乾主始物而坤作成之。」[35]意謂代表天道的乾開始創生萬物，代表地道的坤則促成萬物的成長，此即所謂天生地成也。[36]

又《周易·繫辭傳上第六章》云：

> 夫乾其靜也專，其動也直，是以大生焉；坤其靜也翕，
> 其動也闢，是以廣生焉。[37]

朱熹《周易本義》曰：「乾一而實，故以質言而曰大；坤二而虛，故以量言而曰廣。」[38]既有其質，又有其量，人事之努力亦當以質量兼具為目標，《中庸第二十二章》云：

---

[32] 徐鍇撰《說文繫傳》，台北：華文書局，1971 年 5 月初版，頁 465。
[33] 來知德撰《周易集註》，同 14，頁 32-389。
[34] 王弼、韓康伯注，孔穎達疏《周易正義》，同 3，頁 144。
[35] 朱熹撰《周易本義》，同 24，頁 287。
[36] 〈益卦象傳〉云：「天施地生，其益无方。」孔穎達疏曰：「天施氣於地，地受氣而化生。」則從萬物受氣而有形言之，雖立論角度不同，但仍是發揮作用。同 3，頁 96。
[37] 王弼、韓康伯《周易正義》，同 3，頁 149—150。
[38] 朱熹撰《周易本義》，同 24，頁 300。

惟天下至誠，為能盡其性；能盡其性，則能盡人之性；
能盡人之性，則能盡物之性；能盡物之性，則可以贊天
地之化育；可以贊天地之化育，則可以與天地參矣。[39]

誠者其質，此所謂「大生焉」；由盡己之性而盡人之性、盡物
之性，此所謂「廣生焉」。如是，則可以贊天地之化育而與天
地參，即與天地同樣發揮其大生、廣生的作用也。

（三）支持義

「極」字據《說文解字》云：「棟也。」[40]段玉裁注曰：

李奇注〈五行志〉、薛綜注〈西京賦〉，皆曰三輔名梁
為極。按此正名棟為極耳，今俗語皆呼棟為梁也。[41]

朱駿聲《說文通訓定聲》云：

極，棟也。……《漢書·天文志》「萬載宮極」，注「屋
梁也」，三輔間名為極。《莊子·則陽》有「夫妻臣妾
登極」，司馬注「屋棟也」。《漢書·枚乘傳》「單極
之統斷」，韓注「西方人名屋梁為極。」[42]

凡此皆謂極為棟樑，按棟樑所以支撐屋宇，使不至於傾圮倒塌，
人可居於其內以遮風避雨也。

《周易·恆卦象傳》曰：

---

[39] 朱熹著《中庸章句·第二十二章》，台北：大安出版社《四書章句集注》，
2005 年 8 月第 1 版第 5 刷，頁 43。
[40] 許慎著，段玉裁注《說文解字注》，同 8，頁 256。
[41] 許慎著，段玉裁注《說文解字注》，同 8，頁 256。
[42] 朱駿聲撰《說文通訓定聲》，同 7，頁 259。

> 天地之道恆久而不已也。……日月得天而能久照，四時
> 變化而能久成，聖人久於其道而天下化成。[43]

由於有此天地之道恆久不已的運轉變化以支持之，日月才能久
照，四時才能久成，聖人體之，也能以其道鍥而不捨的支持人
倫來化成天下。亦即宇宙之得以生生不息，即有賴於此天覆以
生之，地載以成之，人參以贊之的維持。文天祥〈正氣歌〉云：

> 是氣所磅礴，凜冽萬古存。當其貫日月，生死安足論？
> 地維賴以立，天柱賴以尊。三綱實繫命，道義為之根。[44]

「維」、「柱」、「綱」皆有支持之意，曰「地維」，曰「天
柱」，甚至於人之「三綱」，意謂天、地、人皆具有支持的作
用。而此支持的作用，則是以「道義為之根」，可見其中還是
以人道為主。

由於三才之道皆能發揮其應有的作用，故《周易·豫卦象
傳》曰：

> 天地以順動，故日月不過而四時不忒；聖人以順動，則
> 刑罰清而民服。[45]

由於天地之運轉有其順序規律，故日月、四時的變化才不致於
造成差錯；聖人體察到這種道理，因此施行教化也有其順序規
律，而能達到刑罰清而民服的太平境地。由是可見不論自然界
或人事界，要達到良好的效果，都有賴於三才之道發揮其正向

---

[43] 王弼、韓康伯注，孔穎達疏《周易正義》，同 3，頁 84。
[44] 文天祥撰《文文山全集·正氣歌》，台北：河洛圖書出版社，1975 年 9 月台
　　景印初版，頁 375。
[45] 王弼、韓康伯注，孔穎達疏《周易正義》，同 3，頁 48。

作用以支持之也。

（四）極致義

《說文解字》「極」字下，段玉裁注曰：

> 引伸之義，凡至高至遠皆謂之極。[46]

又《說文解字》解「極」為「棟也」，於「棟」字下則曰「極也」，「極」、「棟」二字互訓。段玉裁於「極」字下注曰：

> 極者，謂屋至高之處。〈繫辭〉曰「上棟下宇」，五架之屋，正中曰棟。〈釋名〉曰「棟，中也。」居屋之中。[47]

朱駿聲《說文通訓定聲》云：

> 《廣雅‧釋詁四》「極，高也。」《爾雅‧釋詁》「極，至也。」《詩‧崧高》「駿極于天」，傳「至也。」《禮記‧樂記》「極乎天而蟠乎地」，注「至也。」[48]

「至高至遠」、「屋至高之處」、「至」等皆有極致之意，是故〈繫辭傳上第二章〉「三極之道也」下，孔穎達疏曰：

> 是天地人三才至極之道。[49]

朱熹《周易本義》又引伸道：

---

[46] 許慎著，段玉裁注《說文解字注》，同 8，頁 256。
[47] 許慎著，段玉裁注《說文解字注》，同 8，頁 256。
[48] 朱駿聲撰《說文通訓定聲》，同 7，頁 259。
[49] 王弼、韓康伯注，孔穎達疏《周易正義》同 3，頁 146。

> 極，至也。三極，天地人之至理，三才各一太極也。[50]

李光地《周易折中》也引用與其父蔡元定，弟蔡沆、蔡沈同為朱熹弟子的蔡淵之說，申述其義曰：

> 蔡氏淵曰：「……極者，太極也。以其變易無常，乃太極之道也。」三極，謂三才各具一太極也。變至六爻，則一卦之體具而三才之道備矣。[51]

皆將三才之道提升至太極的地位，具有本體的意義，當然已臻於極致了。

按《周易·說卦傳》曰：「立天之道曰陰與陽，立地之道曰柔與剛，立人之道曰仁與義。」[52]天道因陰陽而立，地道因柔剛而立，人道則因仁義而立，是人道以仁義為主，亦即具有德性的意義。修養此仁義的德性，《尚書·洪範》「九疇」第五「建用皇極」，即以「極」字表達其大中至正之意。故鄭玄注曰：

> 皇，大。極，中也。凡立事當用大中之道。[53]

孔穎達疏曰：

> 皇，大，〈釋詁〉文。極之為中，常訓也。凡所立事，王者所行，皆是無得過與不及，常用大中之道也。《詩》云：「莫匪爾極」、《周禮》「以為民極」、《論語》

---

[50] 朱熹撰《周易本義》，同 24，頁 291。

[51] 李光地纂《周易折中》，台北：真善美出版社，1971 年 6 月初版，頁 968—969。

[52] 王弼、韓康伯注，孔穎達疏《周易正義》，同 3，頁 183。

[53] 舊題孔安國傳，孔穎達疏《尚書正義·洪範》，台北：藝文印書館影印嘉慶二十年江西南昌府學開雕《重刊宋本尚書注疏附校勘記》，頁 168。

「允執其中」，皆謂用大中也。[54]

所謂「大中之道」，即能奉行人道之仁與義，而達到無過與不及的地步。故周敦頤〈太極圖說〉乃稱：

聖人定之以中正仁義而主靜，立人極焉。[55]

以中正仁義為立身處世的準則，以建立人極，與具有本體意義的「無極而太極」[56]相呼應，始能達到修養的最高境界。

四、「三才之道」對吾人的啓示

「三才之道」既然具備上述多重意涵，則其對於吾人當有極為深切的啟示作用，茲就所見，舉其尤犖犖大端者如下。

（一）人能弘道，非道弘人

論及《周易》思想中人與自然的關係，一般都會依據《周易・繫辭傳上第十一章》所云：「法象莫大乎天地，……天生神物，聖人則之；天地變化，聖人效之；天垂象，見吉凶，聖人象之；河出圖，洛出書，聖人則之。」[57]以為是一種法天地

---

[54] 舊題孔安國傳，孔穎達疏《尚書正義・洪範》，同 53，頁 168。

[55] 周敦頤撰《周濂溪集》，台北：台灣商務印書館《叢書集成簡編》，據正誼堂全書本排印，1966 年 3 月台 1 版，頁 2。按周敦頤《太極圖說》在這段文字之後，緊接著又說：「故聖人與天地合其德，日月合其明，四時合其序，鬼神合其吉凶，。君子修之吉，小人悖之凶。故曰『立天之道曰陰與陽，立地之道曰柔與剛，立人之道曰仁與義。』又曰『原始反終，故知死生之說。』大哉《易》也，斯其至矣！」明顯可以看出其「立人極」之說源自於《周易》三才之道的「立人之道曰仁與義」。

[56] 周敦頤撰《周濂溪集》，同 55，頁 2。

[57] 王弼、韓康伯注，孔穎達疏《周易正義》，同 3，頁 157。

的思想，認定天地的變化具有一定的規律，人能否依照其規律行事，就成為吉凶禍福之所由，亦即以合乎天地之道與否作為德性及價值的判定標準。對此，在〈象傳〉中有許多例子，如〈謙卦象傳〉云：

> 天道虧盈而益謙，地道變盈而流謙，鬼神害盈而福謙。人道惡盈而好謙。謙尊而光，卑而不可踰，君子之終也。[58]

又如〈革卦象傳〉云：

> 天地革而四時成，湯武革命順乎天而應乎人。[59]

其例尚多，不一一列舉。在〈象傳〉中，其例更多。如〈乾卦大象〉曰：

> 天行健，君子以自強不息。[60]

又如〈坤卦大象〉曰：

> 地勢坤，君子以厚德載物。[61]

舉凡六十四卦每一卦的〈大象〉皆明顯的具有此種思想。〈繫辭傳〉中也有其例，除上引〈繫辭傳上第十一章〉以外，如〈繫辭傳上第七章〉云：

> 夫《易》，聖人所以崇德而廣業也。知崇禮卑，崇效天，卑法地，天地設位而《易》行乎其中矣。成性存存，道

---

[58]　王弼、韓康伯注，孔穎達疏《周易正義》，同3，頁47。
[59]　王弼、韓康伯注，孔穎達疏《周易正義》，同3，頁111。
[60]　王弼、韓康伯注，孔穎達疏《周易正義》，同3，頁11。
[61]　王弼、韓康伯注，孔穎達疏《周易正義》，同3，頁19。

義之門。[62]

其例亦多，此不殫舉。顯現此種思想最明確者，莫如〈乾卦文言傳〉所言：

> 夫大人者與天地合其德，與日月合其明，與四時合其序，與鬼神合其吉凶。先天而天弗違，後天而奉天時，天且弗違，而況於人乎！況於鬼神乎！[63]

對天地人的交融呈現了一個極度高明俊偉的境界，作為人們孜孜以求，永不懈怠的目標，具有終極關懷的無上意義。

就上舉〈象傳〉、〈彖傳〉、〈繫辭傳〉、〈文言傳〉的諸多例子而觀，人既然以天地之道做為德性及價值的判定標準，從表面上看來，人似乎是居於從屬的地位，而缺乏其主體性。但我們不應忽略，天地變化的規律是人發現的，效法此天地的規律變化也有賴於人自覺的努力。舉例而言，天行為「健」、地勢為「坤」（順）的發現者為人，據以或因而「自強不息」、「厚德載物」的君子也是人，[64]可見人具有主動的能力。孔子

---

[62] 王弼、韓康伯注，孔穎達疏《周易正義》，同3，頁150。
[63] 王弼、韓康伯注，孔穎達疏《周易正義》，同3，頁17。
[64] 戴璉璋〈《易傳》關於天人之際的論述〉，認為「君子以」的「以」不應解釋為「據以」，而是取「因而」的意思。其言曰：「在〈象傳〉，沒有證據可以說它有以天道為人道根源的認定。天道、人道，其所以相提並論，只因它們有一致性或相互感應的關係。在〈象傳〉，〈乾象〉、〈坤象〉的「以」如果是「據以」的意思，天地之道就有可能是君子修德的根據，但據〈泰象〉可知，這類句法中的「以」不能作「據以」解，是取「因而」的意思。這樣，〈象傳〉的這類說法，實際上只表示作者認為天道對於人道有啟發或提撕的作用，這類作用畢竟不能算是動力根源。」台北：《鵝湖月刊》第15卷第8期，頁12─24。其說固然有其可取之處，但解為「據以」固然可以說是「根據」，惟解為「因而」則可以說是其「因」在此，似乎也有「根據」之意。

曰：「人能弘道，非道弘人。」[65]蓋道待人而明，待人而行，明之、行之，非人無以為功，則天地自然所呈顯的道德及價值標準，都必須依靠人的努力才能領會並達成，此即孔子所謂「下學而上達」[66]，必須在人事上盡其學習之工夫，才能上達天理之旨。

（二）天工人其代之

天地創生萬物，並呈顯其規律以後，居於其中的人，除效法天地之德，以期「正德」之外，更為維持生活，必須製作各種器物，開發各種產業，制定各種制度，以「利用」、「厚生」，《周易・繫辭傳上第十一章》一開頭即曰：

> 夫《易》開物成務，冒天下之道，如斯而已者也。[67]

如何開物成務，以達到概括天下一切事物規律的目標？同章進而闡述道：

> 見乃謂之象，形乃謂之器，制而用之謂之法，利用出入，民咸用之謂之神。[68]

原來是透過觀察天地萬物之象，以製作有形的器具，並制定運用的法則，讓人們於實際生活中應用，以此發揮其神妙的效果。對此，《周易・繫辭傳下第二章》於敘說包犧氏始作八卦，以通神明之德，以類萬物之情後，即列舉了〈離〉、〈益〉、〈噬嗑〉、〈乾〉、〈坤〉、〈渙〉、〈隨〉、〈豫〉、〈小過〉、

---

[65] 朱熹著《論語集注・衛靈公》，同 1，頁 233。
[66] 朱熹著《論語集注・憲問》，同 1，頁 219。
[67] 王弼、韓康伯注，孔穎達疏《周易正義》，同 3，頁 155。
[68] 王弼、韓康伯注，孔穎達疏《周易正義》，同 3，頁 156。

〈睽〉、〈大壯〉、〈大過〉、〈夬〉等卦為例，以說明聖人製作以利民用而厚民生之事。因原文甚長，為省篇幅，僅舉〈離〉、〈益〉兩卦為例，略加申述。取象於〈離〉者，云：

> （包犧氏）作結繩而為罔罟，以佃以漁，蓋取諸〈離〉。[69]

按六十四卦之〈離卦〉，其卦象為☲☲，〈離〉上〈離〉下，〈說卦〉云：「離，麗也。」[70] 八卦之〈離〉，卦象為☲，中間虛空，兩八卦之〈離〉相附麗，即為六十四卦之〈離卦〉，其象有如網的兩個孔目，包犧氏即因而獲得啟示，發明了捕鳥獸蟲魚的網罟。[71]

取象於〈益〉者，云：

> 包犧氏沒，神農氏作，斲木為耜，揉木為耒，耒耨之利，以教天下，蓋取諸〈益〉。[72]

按六十四卦之〈益卦〉，其卦象為☳☴，震下巽上，〈說卦〉云：「震，動也。巽，入也。」[73] 又云：「巽為木。」[74] 因上有木以入之而下動，神農氏即因其象而獲得啟示，以木材製作耒耜，入於其內而挖掘鬆動田土，使有利於農事之進行。

此〈繫辭傳下第二章〉所述觀象制器之事，從包犧氏、神農氏以至黃帝、堯、舜，還有許多「後世聖人」。[75] 可見雖然

---

[69] 王弼、韓康伯注，孔穎達疏《周易正義》，同 3，頁 166。
[70] 王弼、韓康伯注，孔穎達疏《周易正義》，同 3，頁 184。
[71] 朱熹撰《周易本義》：「兩目相承而物麗焉。」即是此意。同 24，頁 333。
[72] 王弼、韓康伯注，孔穎達疏《周易正義》，同 3，頁 167。
[73] 王弼、韓康伯注，孔穎達疏《周易正義》，同 3，頁 184。
[74] 王弼、韓康伯注，孔穎達疏《周易正義》，同 3，頁 185。
[75] 《周易‧繫辭傳下第二章》除本文所舉包犧氏、神農氏外，尚有黃帝、堯、

是天生地成，但人類之所以能生生不息，是經過了眾多世代的
聖人（即觀象制器者）不斷的創發，逐漸累積而成的，可見人
事的接續不斷努力才是最主要的。

　　天地對於萬物既有創生成長之德，當然期望萬物皆能各遂
其生，各得其所，故《周易・繫辭傳上第五章》云：「生生之
謂《易》。」[76]〈繫辭傳下第一章〉也說：「天地之大德曰生。」
[77]〈復卦象傳〉曰：「〈復〉，其見天地之心乎！」[78]朱熹《周
易本義》注曰：「積陰之下，一陽復生，天地生物之心幾於滅
息，而至此乃復可見。」[79]凡此皆可見天地之心乃在於使萬物
生生不息。聖人體之，對於萬物亦當愛而惜之，善盡保育之責，
此即《孟子・盡心下》所謂：「親親而仁民，仁民而愛物。」[80]
《中庸・第二十五章》所謂「誠者，非自成而已也，所以成物
也。成己，仁也；成物，知也。性之德也，合內外之道也。故
時措之宜也。」[81]於盡己之性以外，又能盡人、盡物之性，以
贊天地之化育，而與天地參，達到《尚書・皋陶謨》「天工人
其代之」[82]、《周易・乾文言》「與天地合其德」的最高境界。

　舜，並曾三次提到「後世聖人」，其詳可參 3，頁 166—168。

[76] 王弼、韓康伯注，孔穎達疏《周易正義》，同 3，頁 149。

[77] 王弼、韓康伯注，孔穎達疏《周易正義》，同 3，頁 166。

[78] 王弼、韓康伯注，孔穎達疏《周易正義》，同 3，頁 65。

[79] 朱熹撰《周易本義》，同 24，頁 195。

[80] 朱熹著《孟子集注・盡心下》，台北：大安出版社《四書章句集注》，2005
年 8 月第 1 版第 5 刷，頁 509—510。

[81] 朱熹著《中庸章句・第二十五章》，同 39，頁 44。

[82] 舊題孔安國傳，孔穎達疏《尚書正義・皋陶謨》，同 53，頁 62。

五、結　語

《周易》有經有傳，經包括〈卦象〉、〈卦辭〉、〈爻辭〉；傳則包括〈彖傳〉（分上下）、〈象傳〉（分上下或大小）、〈繫辭傳〉（分上下）、〈文言傳〉、〈說卦傳〉、〈序卦傳〉、〈雜卦傳〉，共有十種，合稱〈十翼〉。翼者，助也，用以解說經以有助於了解經的意蘊。

〈十翼〉自古相傳為孔子所作，但自宋代歐陽修開始，即不斷有學者質疑其可靠性，歷經多個朝代多位學者的反覆求證，現已確定並非孔子所作，而且還可斷定也非一時一人之作，因此〈十翼〉可說是集結眾人心血，長期累積下來的智慧結晶。其中蘊涵有許多深刻的義理，「三才之道」就是由〈十翼〉中的〈繫辭傳〉與〈說卦傳〉提出來的，而其意涵在〈彖傳〉、〈象傳〉、〈文言傳〉也都有所發揮，本文主要即是根據上述各傳的材料論述而成。

在〈繫辭傳〉與〈說卦傳〉中，曾分別將《周易》六十四卦每卦的六爻，稱為「三材之道」或「三才」或「三極之道」，用語雖有不同，但異名而同實，所指皆為天地人之道，只因為是分別從所偏重的角度描繪，故採用未盡相同的詞語加以表述。〈繫辭傳下第十章〉稱「有天道焉，有人道焉，有地道焉」，〈說卦傳〉稱「立天之道曰陰與陽，立地之道曰柔與剛，立人之道曰仁與義」，表面上看來，似乎是天道、地道、人道三者並立，實際上已將三者緊密結合，指出彼此交融互涉，形成一個不容分割的有機整體。

　　根據「材」、「才」、「極」三個字的字義，配合經傳的記載，以及歷代《周易》注家的闡述，可以發現此「三才之道」具有始源、作用、支持、極致等多重意義，蘊涵十分豐富。既各有所指，又彼此互相涵攝，由創生初始，到各自發揮作用，以至共同支撐整個宇宙，終而期望達到道德或價值標準的極致。循序漸進，逐步提昇，既有其廣度，又有其高度。

　　在如此豐富的意涵下，對於吾人實深具啟示作用，主要有兩點：一為《周易》所講雖為法天地之德的思想，但只有人能弘道，非道能弘人，因此唯有下學人事才能上達天理，亦即人是居於主動的地位。因此人在天地之間，既不宜卑也不宜亢，不能認為只要隨順天地之道，聽任擺佈而無所作為，也不能妄自尊大，以為人定勝天，恣意破壞天地自然。二為天地有其好生之德，最應為吾人所效法，對於同屬人類中的鰥寡孤獨廢疾等弱勢者，宜秉持仁者推己及人的胸懷，加以憐恤協助；推而廣之，對於動植飛走，亦當善加保育，以期共生共榮；甚至對於無生之物，也要珍惜維護，使整個環境保持良好的狀態。如此人與天地始能真正的交融互會，達到〈繫辭傳下第十章〉所言「廣大悉備」、〈說卦傳第二章〉所云：「順性命之理」的最高境地。

　　——原發表於 2016 年 4 月西安「黃帝陵是中華文明的精神標識學術交流會」；復經主辦單位同意，略加改寫後發表於 2016 年 5 月首爾「"生活儒教，儒生精神，現代文明的對策"國際學術大會」；後被收錄於《黃帝陵是中華文明的精神標識學術交流會論文選集》，陝西人民出版社，2016 年 9 月第 1 版。

參、依然存在

——《左傳‧襄公二十四年》「三不朽」
的關聯及其屬性探究

一、前　言

　　《禮記‧曲禮》歷述人生的歷程，從「人生十年曰幼」開始，直到「八十九十曰耄」、「百年曰期」[1]而止，可見人生在世，最長難以超過百歲光陰。現代人拜生活條件較以往優裕、醫療保健較以往先進之賜，享年超過百歲者日益增多。儘管年壽已較前延長許多，但終究還是免不了死亡腐朽，因此自古至今即有各種想要追求不朽的說法出現：或以為人死之後，只要處置得宜則可以復活；或以為肉體雖死，但靈魂可以長存；或以為依賴服食丹藥，則可以長生不老；或以為藉助信仰，可以永生於另一世界；……說法雖多，但有的已經證明並不可信（如復活、長生不老等），有的則難以證明是否可以成立（如靈魂長存、永生於另一世界等）。

---

[1] 鄭玄注，孔穎達疏《禮記正義‧曲禮上》，台北：藝文印書館影印嘉慶二十年江西南昌府學開雕《重刊宋本禮記注疏附校勘記》，頁 16~17。

　　有別於上述諸多追求不朽的說法，還有一種可以驗證，為眾所信從者，此即春秋時代穆叔（叔孫豹）所提出的「三不朽」之說。據載，魯襄公二十四年（西元前 549，當時孔子年僅三歲）春，魯國上卿穆叔出使晉國，前來迎接的晉國執政大臣范宣子（士匄）問他說，古人所言死而不朽所指為何？穆叔還沒來得及回答，范宣子即趁機誇耀他的家世顯赫，從唐堯以來一直到春秋時代，皆位居要職，掌握權勢，認為這就是死而不朽。穆叔回答道，這乃是世祿而非不朽，並說以其所聞，「大上有立德，其次有立功，其次有立言，雖久不廢」，才是真正的不朽，其事見於《左傳，襄公二十四年》：

> 二十四年，春，穆叔如晉，范宣子逆之，問焉曰：「古人有言曰：『死而不朽』，何謂也？」穆叔未對，宣子曰：「昔匄之祖，自虞以上為陶唐氏，在夏為御龍氏，在商為豕韋氏，在周為唐杜氏，晉主夏盟為范氏，其是之謂乎？」穆叔曰：「以豹所聞，此之謂世祿，非不朽也。魯有先大夫曰臧文仲，既沒，其言立，其是之謂乎！豹聞之，大上有立德，其次有立功，其次有立言，雖久不廢，此之謂不朽。若夫保姓受氏，以守宗祊，世不絕祀，無國無之，祿之大者，不可謂不朽。」[2]

《國語・晉語八》也有類似的記載，[3]所謂「不朽」之說即據此

---

[2] 左丘明傳，杜預注，孔穎達疏《春秋左傳正義・襄公二十四年》，台北：藝文印書館影印嘉慶二十年江西南昌府學開雕《重刊宋本左傳注疏附校勘記》，頁 608~609。

[3] 見舊題左丘明撰，鮑思陶點校《國語・晉語八》，濟南：齊魯書社，2005 年 5 月 1 版 1 刷，頁 222。但《國語・晉語八》只說「魯先大夫臧文仲，其身歿矣，其言立於後世，此之謂死而不朽」，並未提及立德、立功、立言三種不朽之說。

而來。後世以其所稱不朽有立德、立功、立言三種，故合稱為
「三不朽」。

依《左傳》、《國語》所載，叔孫豹於提出「不朽」之說
時，只舉魯國臧文仲為例，並未對此作進一步的解說。從表面
上看來，立德、立功、立言，各有其著重之處，意涵似乎並無
問題。但若加深究，就會發現很難對三者作嚴謹的界定，因而
容易造成理解的紛歧。[4]後來《左傳》的主要注家，雖曾對三者
分別舉例以助理解，所說卻仍然嫌籠統，甚至還相互矛盾。究
竟「三不朽」彼此之間的關聯為何？還有「三不朽」的屬性又
是如何？凡此皆為本文所欲探討者。

二、《左傳》注家所舉「三不朽」之例及
「三不朽」之間的關聯

（一）「三不朽」的例子

對於「三不朽」，《左傳》的主要注家服虔、杜預、孔穎
達皆曾列舉立德、立功、立言的例子，以助讀者理解。然其所
舉之例是否皆恰當？是否能有裨讀者理解？似尚有斟酌餘地。
茲先就三人所舉表列如下：

---

[4] 胡適撰《胡適文存第一集·不朽—我的宗教》即對此批評道：「那『三不朽
說』還有三層缺點，不可不知。……第三，這種不朽論所說的『德，功，言』
三件，範圍都很含糊。究竟怎樣的人格才可算是『德』呢？怎樣的事業方才
可算是『功』呢？怎樣的著作方才可算是『言』呢？……可見『三不朽』的
界限含糊不清了。」台北：遠東圖書公司，1968 年 10 月 2 版，頁 696~697。

三不朽之例 / 主要注家	立　德	立　功	立　言
服　虔	伏羲、神農	禹、稷	史逸、周任、臧文仲
杜　預	黃帝、堯、舜	禹、稷	史逸、周任、臧文仲
孔穎達	伏羲、神農、黃帝、堯、舜、禹、湯、周文王、周武王、周公、孔子	禹、稷	史逸、周任、臧文仲、老、莊、荀、孟、管、晏、楊、墨、孫、吳之徒制作子書；屈原、宋玉、賈逵、揚雄、馬遷、班固以後，撰集史傳及制作文章，使後世學習。

＊據左丘明傳，杜預注，孔穎達疏《春秋左傳正義‧襄公二十四年》所載繪製而成。

　　從上表看來，服虔注、杜預注在立功、立言兩方面所舉人物完全相同，但立德則有差異，此差異難免會造成大家的困惑，因服虔所舉立德的代表人物伏羲、神農，既屬傳說人物，且相傳伏羲畫八卦以類萬物、神農教民耕作以足民食，似較近於立功，其德究竟為何？並不容易明白指言。[5]到了孔穎達疏，除認

---

[5] 博施濟眾，有功於民，其實也是一種德，可見功與德的界線本來就十分模糊，故世俗常以「功德」連言。其他如言與德、功與言的界線還是不易清楚辨別。胡適所說：「『德，功，言』三件，範圍都很含糊。」確實有其所見。

同服虔、杜預所舉以外，在立德、立言兩方面又增列了不少例子，但也因而造成困擾。如禹原來已被服虔、杜預列於立功，現又將之列於立德，亦即禹被兼列為立德、立功的例子，而且所有例子中只有禹兼跨兩個方面；又如在立言方面，既將孟子列入，竟然將孟子極力抨擊，認為乃是異端，指責其為「無君」、「無父」的禽獸之楊朱、墨翟列入。[6]究竟所持的標準為何？皆頗令人困惑而難以完全信服。

（二）「三不朽」之間的關聯

從叔孫豹所說「大上有立德，其次有立功，其次有立言」的語氣推斷，實難以判定「三不朽」只是論述的先後，還是有高下或主從的分別。再就其所舉「魯有先大夫曰臧文仲，既沒，其言立」的例子看來，顯然是就立言而發，如「三不朽」有高下或主從的分別，則為何叔孫豹所舉之例反而是居於下位或附從的例子？是故漢晉時期的《左傳》主要注家服虔、杜預皆未對「三不朽」下定義，也未對三者之間的關聯表示意見。至於後人習稱此三者為「三不朽」，就絕大部分的人而言，似乎也並不太注重孰先孰後的區別。

然則到了唐朝，孔穎達疏則先就叔孫豹所說「大上」、「其次」的語氣，認為實有上次高下的分別，曰：

---

[6]　朱熹著《孟子集注・滕文公下》，：「孟子曰：『……聖王不作，諸侯放恣，處士橫議，楊朱、墨翟之言盈天下。天下之言，不歸楊，則歸墨。楊氏為我，是無君也；墨氏兼愛，是無父也。無父無君，是禽獸也。……楊、墨之道不息，孔子之道不著，是邪說誣民，充塞仁義也。仁義充塞，則率獸食人，人將相食。吾為此懼，閑先聖之道，距楊墨，放淫辭，邪說者不得作。』」，台北：大安出版社《四書章句集注》，2005年8月1版第5刷，頁379。

> 大上、其次，以人之才知淺深為上次也。大上謂人之最
> 上者，上聖之人也。其次，次聖者，謂大賢之人也。其
> 次，又次大賢者也。[7]

此外，他又分別為立德、立功、立言三者下定義道：

> 立德謂創制垂法，博施濟眾，聖德立於上代，惠澤被於
> 無窮。……立功謂拯厄除難，功濟於時。……立言謂言
> 得其要，理足可傳。[8]

雖然並沒有明顯的區分，但在語氣上似乎已隱約有所不同。進而更引用〈祭法〉之說，對立德、立功加以辨別說：

> 〈祭法〉云：「聖王之制祭祀也，法施於民則祀之，以
> 死勤事則祀之，以勞定國則祀之，能禦大菑則祀之，能
> 捍大患則祀之。」法施於民乃謂上聖，當是立德之人。
> 其餘勤民、定國、禦災、捍患，皆是立功者也。[9]

顯然認為立德高於立功，至於對立言的位次，雖未明言，但從他的整體言論判斷，應可推知極可能是在立功之下。

　　清人魏源似乎有取於孔穎達的這種看法，但又未必完全認同。他除了於「三不朽」之後另增「立節」，合稱為「四不朽」以外，又將之區別道：

---

[7] 左丘明傳，杜預注，孔穎達疏《春秋左傳正義‧襄公二十四年》，同 2，頁 609。

[8] 左丘明傳，杜預注，孔穎達疏《春秋左傳正義‧襄公二十四年》，同 2，頁 609。

[9] 左丘明傳，杜預注，孔穎達疏《春秋左傳正義‧襄公二十四年》，同 2，頁 609。

> 立德，立功，立言，立節，謂之四不朽。自夫雜霸為功，
> 意氣為節，文詞為言，而三者始不皆出于道德，而崇道
> 德者又或不盡兼功、節、言，大道遂為天下裂。君子之
> 言，有德之言也；君子之功，有體之用也；君子之節，
> 仁者之勇也。故無功、節、言之德，於世為不曜之星；
> 無德之功、節、言，於身心為無原之兩，君子皆弗取焉。
> [10]

是否有必要於「三不朽」之外另增「立節」為第四個不朽？雖
大有商榷餘地。但其意以為無功、節、言之表現而空言道德，
並不可取；然缺乏道德的功、節、言，也為君子所不取。細探
其語意，似乎有德高於其它三者的意味在焉。

　　今人錢穆先生雖未必認同魏源另增「立節」的見解，但也
同意立德高於立功、立言。他說：

> 春秋時，魯叔孫豹稱人生有「三不朽」，立德為首，立
> 功、立言次之。實則無德即無功無言可立。[11]

魏源、錢穆先生皆認為立德重於立功、立言，但對立功、立言
則並未分別其高下，此與孔穎達之認為立德最高，立功次之，
立言為最下的看法仍有不同。

　　至於日人竹添光鴻《左傳會箋》說：

> 此大上其次就德言。大上，上聖也；其次，大賢也；其

[10] 魏源撰《魏源集·默觚上·學篇九》，北京：中華書局，2009 年 10 月第 3
版第 3 刷，頁 22。
[11] 錢穆撰，錢賓四全集編輯委員會編《晚學盲言·靈魂與德性》，台北：聯經
出版事業公司《錢賓四先生全集》，1998 年 5 月初版，頁 276。

次，次大賢也。[12]

今人楊伯峻《春秋左傳注》說：

> 謂立德為最高，立功次之，立言又次之。〈僖二十四年
> 傳〉「大上以德撫民，其次親親以相及也」，《淮南子・
> 泰族訓》「治身太上養神，其次養形」，諸「大上」「其
> 次」都同此義。[13]

則顯然都是承襲孔穎達將之分為三等的說法。

　　綜上所述，有關「三不朽」之間的關聯，歷來有三種說法：
一為三者乃並列的關係，似無高下之分，服虔、杜預等有此傾
向；二為三者有高下之分，立德最高，立功其次，立言最下，
孔穎達、竹添光鴻、楊伯峻等主之；三為三者有某種程度的高
下之分，立德較高，立功、立言則不分軒輊，魏源、錢穆先生
等主之。

　　以上三種說法，究以何者為是？鄙意以為站在儒家重德的
立場，立德當屬最高，立功、立言皆應接受德的制約，否則即
不能稱之為功、言。舉例而言，所謂「一將功成萬骨枯」，既
然使得「萬骨枯」，則一將之所為究竟是立功還是造孽？不難
判明。又如提倡「厚黑」之學，鼓勵人厚臉皮、黑心腸，其所
倡導者雖然也有人信從，但因而使人心陷溺，敗壞了社會的風
氣，實不能謂為立言。至於立功、立言，只要能遵循德的制約，

---

[12] 竹添光鴻撰《左傳會箋・襄公二十四年》，台北：鳳凰出版社，1977 年 9
　　月影印 3 版，頁 22。

[13] 楊伯峻撰《春秋左傳注・襄公二十四年》，台北：源流出版社，1982 年 4
　　月再版，頁 1088。

在性質上實難以區分高下。綜而言之，魏源、錢穆先生等之說
應屬較為可從。此就叔孫豹於提出「三不朽」之說時，稱「立
德」使用「大上」之詞，至於稱「立功」、「立言」，則皆使
用「其次」之詞，似乎也可以隱約推知其言下之意。

三、「三不朽」的屬性

在各種追求不朽的說法中，有偏於肉體的（如復活、長生
不老等），有偏於精神或信仰的（如靈魂長存、永生於另一世
界等），屬性未盡相同。叔孫豹所提出的「三不朽」說自有其
特殊的屬性，茲就個人所見，歸納為下列三點：

（一）入世的而非出世的

所謂立德、立功、立言必然是在一個人的生前完成，或許
有人於身死之後，其德、功、言才受肯定而遺惠後人，但其所
遺完全是由於在未死之前的各種努力所致，而且所遺之惠依然
是在人間。由此可見「三不朽」所重的是現實的世界，所以錢
穆先生說：「中國人的不朽，則在他死後依然留在這一個世界
內……根據三不朽說，所謂立德、立功、立言，推其用意，只
是人死之後，他的道德、事功、言論依然留在世上，便是不朽。」
[14]

既然所重在現實的世界，而現實的世界是由人群所組成，

---

[14] 錢穆撰，錢賓四全集編輯委員會編《靈魂與心‧靈魂與心》，台北：聯經出
版事業公司《錢賓四先生全集》，1998 年 5 月初版，頁 11。

所立的德、功、言也是就對這一人群有所助益而言，絕非離群
索居，只求潔身自好，而對蒼生的休戚漠然無動於衷者所能達
致。孔子稱「夫仁者己欲立而立人，己欲達而達人。」[15]於己
立己達之外進而立人達人，則其所建樹者才可以稱為立德、立
功、立言，才可以不朽。由此可見「三不朽」所重的是社會群
體，亦即獲得社會群體的肯定才能不朽。所以錢穆先生又說：
「求三不朽現世生命者，必須求知人群的意旨。」[16]

　　既然所重在現實社會與社會群體，當然其屬性絕對是入世
的而非出世的，錢穆先生說：

> 中國人的不朽，不在小我死後之靈魂，而在小我生前之
> 立德、立功、立言，使我之德、功、言，在我死後，依
> 然留存在此社會、在此人群之中，故重現世與人群。[17]

重現世與人群，與其他各種追求不朽的說法，屬性迥然有別，
而與己立立人、己達達人的仁道密切結合，充分顯現出其特殊
性。

（二）重質的而非重量的

　　所謂不朽，並非意謂在任何時空下皆能不朽，亦即不朽仍
有時空的侷限，這當然與其所立之德、功、言產生的影響程度

---

[15] 朱熹著《論語集注・雍也》，台北：大安出版社《四書章句集注》，2005
年 8 月第 1 版第 5 刷，頁 123。

[16] 錢穆撰，錢賓四全集編輯委員會編《靈魂與心・孔子與心教》，同 14，頁
29~30。

[17] 錢穆撰，錢賓四全集編輯委員會編《靈魂與心・孔子與心教》，同 14，頁
29。

有密切的關聯。影響愈大，則不朽的時間愈久，空間也愈廣，反之亦然。舉例而言，蔣夢麟曾分別以李冰與李宜之[18]為例說：

> 秦李冰築都江堰，使成都平原二千數百年來，為全國最豐收之區，民至今祠之。這是不朽。……近人李宜之，以一生的精力，在陝西修築涇渭渠。他死後老百姓修了李公祠紀念他。[19]

　　兩人的遺惠為時不同，或已長達兩千數百年，或尚不及百年；地區也不同，或為成都平原，或為關中地區；但其所行所為皆出於造福人群的仁者之心。孔子說：「仁遠乎我？我欲仁，斯仁至矣！」[20]說明仁道為我心所固有之理，只要有心求之，自能獲得。孟子也說：「仁、義、禮、智，非由外鑠我也，我固有之也，弗思耳矣。故曰：『求則得之，舍則失之。』」[21]凡此皆可見仁愛惻隱之心，乃是我們不學而能、不慮而知，天生所具有的良知良能。只要能善加擴充，皆對人群社會有所助益，或許影響有深淺遠近之分，然就其本質而言，則毫無軒輊。王陽明曾以黃金的成色與分兩譬喻道：

> 聖人之所以為聖，只是其心純乎天理，而無人欲之雜，猶精金之所以為精，但以其成色足而無鉛銅之雜也。……

---

[18] 李儀祉（1882~1938），字宜之，陝西省蒲城縣人，留學德國，為著名水利學家、教育家，曾任陝西省水利局局長、陝西省教育廳廳長、西北大學校長、陝西省建設廳廳長、黃河水利委員會委員長兼總工程師等職，主持建設陝西關中涇惠、渭惠、洛惠、梅惠等八大惠渠，嘉惠民生、灌溉甚大。

[19] 蔣夢麟撰《孟鄰文存‧中國文化所孕育出來的不朽論》，台北：正中書局，1954 年 5 月台初版，頁 42。

[20] 朱熹著《論語集注‧述而》，同 15，頁 134。

[21] 朱熹著《孟子集注‧告子上》，同 6，頁 459~460。

> 然聖人之才力亦有大小不同，猶金之分兩有輕重，……
> 所以為精金者，在足色而不在分兩；所以為聖者，在純
> 乎天理而不在才力也。[22]

成色乃就性質而言，分兩則就數量而言，所謂「在足色而不在
分兩」，闡明其所重係在質而不在量，如此則可以鼓勵眾人在
其才學能力可及的範圍之內盡心力而為，以求不朽。

（三）正面的而非負面的

對於不朽的種種說法，胡適認為「只有兩種說法是真有區
別的。一種是把『不朽』解作靈魂不滅的意思。一種就是《春
秋左傳》上說的『三不朽』。」[23]進而比較此兩種說法後，判
定「那『三不朽說』是比那『神不滅說』好得多了。」然而在
肯定之餘，又認為「但是那『三不朽說』還有三層缺點，不可
不知。第一，照平常的解說看來，那些真能不朽的人只不過那
極少數有道德，有功業，有著述的人。還有那無量平常人難道
就沒有不朽的希望嗎？……第二，這種不朽論單從積極一方面
著想，但沒有消極的裁制。那種靈魂的不朽論既說有天國的快
樂，又說有地獄的苦楚，是積極消極兩方面都顧著的。如今單
說立德可以不朽，不立德又怎樣呢？立功可以不朽，有罪惡又
怎樣呢？第三，這種不朽論所說的『德，功，言』三件，範圍
都很含糊。」[24]為求補救，因而提出其「社會的不朽論」主張，

---

[22] 王守仁撰，吳光、錢明、董平、姚延福編校《王陽明全集‧傳習錄上》，上
  海：上海古籍出版社，1995 年 4 月 2 刷，頁 27~28。
[23] 胡適撰《胡適文存第一集‧不朽—我的宗教》，同 4，頁 693。
[24] 胡適撰《胡適文存第一集‧不朽—我的宗教》，同 4，頁 696~697。

認為「大我」是由無量數的「小我」組成，「小我」的一切作
為都會留存在「大我」之中，與「大我」永遠不朽，其說曰：

> 每一個「小我」的一切作為，一切功德罪惡，一切語言
> 行事，無論大小，無論是非，無論善惡，一一都永遠留
> 存在那個「大我」之中。那個「大我」，便是古往今來
> 一切「小我」的紀功碑，彰善祠，罪狀判決書，孝子慈
> 孫百世不能改的惡謚法。這個「大我」是永遠不朽的，
> 故一切「小我」的事業，人格，一舉一動，一言一笑，
> 一個念頭，一場功勞，一樁罪過，也都永遠不朽。這便
> 是社會的不朽，「大我」的不朽。[25]

進而認為他所主張的「社會的不朽論」可以把「三不朽說」的
範圍更加推廣，如此則可以免除其所指摘的「三不朽說」的三
層缺點，他說：

> 如今所說「社會的不朽」，其實只是把那「三不朽論」
> 的範圍更推廣了。既然不論事業功德的大小，一切都可
> 不朽，那第一第三兩層短處都沒有了。冠絕古今的道德
> 功業固可以不朽，那極平常的「庸言庸行」，油鹽柴米
> 的瑣屑，愚夫愚婦的細事，一言一笑的微細，也都永遠
> 不朽。……至於那第二層缺點，也可免去。如今說立德
> 不朽，行惡也不朽；立功不朽，犯罪也不朽：「流芳百
> 世」不朽，「遺臭萬年」也不朽；功德蓋世固是不朽的
> 善因，吐一口痰也有不朽的惡果。我的朋友李守常先生
> 說得好：「稍一失腳，必致遺留層層罪惡種子於未來無

---

[25] 胡適撰《胡適文存第一集・不朽─我的宗教》，同 4，頁 699。

量的人，──即未來無量的我；永不能消除，永不能懺
悔。」這就是消極的裁制了。[26]

所指第一層缺點「只限於少數的人」，[27]如能了解「三不朽」
「重質的而非重量的」屬性，即可發現不朽其實是人人都有可
能達成的，帶有鼓勵人人積極向上的正面意義，則此缺點其實
根本就不存在。至於第三層缺點「所說『德，功，言』的範圍
太含糊了」，「三不朽」確實有此缺點，但從胡適的言論中，
可以看出他其實並未就如何免除此缺點，提出任何說服人的理
由。還有第二層缺點「沒有消極的裁制」，其說雖指出善可不
朽，惡也可不朽，但作惡者本身並沒有得到惡報，而是把惡果
加到後人身上，對作惡者而言，怎能算是裁制呢！

　　按胡適除肯定正面的行為可以不朽，也強調負面的行為依
然可以不朽，意在警戒世人不要為惡，以免遺害後人。用心固
然可取，可是卻與「三不朽」之注重鼓勵人們向上，抱持正面
的態度迥然有別。立意顯然跟儒家之致力於教化人心不同，似
乎較接近法家的信賞必罰，但又並未明確指出怎麼罰法，甚至
還把懲罰加諸無辜的後人身上，對作惡者其實並無裁制之道，
反而還不如法家呢。

四、結　語

　　追求不朽為亙古以來人心的普遍傾向，為滿足這種心理傾

---

[26] 胡適撰《胡適文存第一集・不朽─我的宗教》，同4，頁701。
[27] 胡適認為「三不朽說」有三層缺點，除上引之文句外，又將之簡化道：「上
文我批評那『三不朽』的三層缺點：（一）只限於少數的人，（二）沒有消
極的裁制，（三）所說『功，德，言』的範圍太含糊了。」同4，頁700。

向，遂有各種不同追求不朽的說法出現。這些說法不論是偏於
肉體的或是偏於精神的，幾乎皆與宗教有關。既然與宗教有關，
必然會從天或神的角度出發，人也就難免成為附屬的角色而失
去其自主性。

　　叔孫豹「三不朽」說的提出，可以看出人已由被動的地位
改為主動的地位。蓋不論德、功、言皆是由人所立，充分顯現
歷經夏、商兩代以至西周長時期的孕育、萌芽、滋長，到了春
秋時期，人文精神已經建立，而為此後中國文化的發展提供了
明確的方向，並成為其特質。

　　就「三不朽」之間的關聯而言，立功、立言都必須服從於
立德的指導，才可以算是真正的功與言。則立德為最高，立功、
立言次之。凸顯了道德修養的重要，成為國人立身處世的準繩，
以及在政治、經濟、教育等各方面的最高指導原則。就「三不
朽」的屬性而言，既注重現世與人群，尤以重質而不重量來肯
定人人皆可企及，更強調不朽乃是就有益於社會群體而言的，
因而既成為歷代仁人志士、英雄豪傑以至文學藝術創作者追求
的目標，也為一般社會大眾的致力服務人群，提供了努力的方
向。

　　自叔孫豹提出立德、立功、立言之「三不朽」說以後，不
論是代表儒家的孔子、孟子、荀子，或代表道家的老子、莊子，
代表墨家的墨子，代表法家的韓非子……等諸子百家，蠭起並
作，紛紛提出其救世濟時的主張，形成先秦時期百家爭鳴、學
術勃發的局面，影響及於以後的各個朝代。雖然其所主張並不
盡相同，但細究之，幾乎完全合乎「三不朽」的屬性，遵循其

說所樹立的人文精神路線。由是可見叔孫豹之見對於中國思想文化影響的深遠。就此而論，叔孫豹所提「三不朽」即是一種彌足珍貴的不朽之說了！

—原發表於 2017 年 4 月西安"黃帝陵·文化自信"清明學術交流會，後被收錄於《長安大學學報（社會科學版）》第 19 卷第 3 期，2017 年 5 月、《黃帝陵·文化自信清明學術交流會論文選集》，西北大學出版社，2017 年 10 月

肆、人情事理的踐履

──《論語‧顏淵》「四勿」說的意蘊及其在法治時代的意義

一、前　言

　　在受儒家思想影響很深的地區，我們有機會看到「四勿猴」的圖像，即雕刻或繪畫四隻猴子，其中第一隻猴子以兩手蒙眼，第二隻猴子以兩手掩耳，第三隻猴子以兩手捂嘴，第四隻猴子則將兩手放在背後或胸前。這種圖像在台北市孔廟「萬仞宮牆」旁可以看到，在中國大陸的某些省市也可以看到，以至在韓國、日本的部份地方仍可看到。此外，在一些工藝品店也會有這種圖像的製品出售。

　　「四勿猴」中的「四勿」，語出《論語‧顏淵》所載孔子與顏淵師生有關於仁的一段問答：

　　顏淵問仁。子曰：「克己復禮為仁。一日克己復禮，天下歸仁焉。為仁由己，而由人乎哉？」顏淵曰：「請問其目？」子曰：「非禮勿視，非禮勿聽，非禮勿言，非

　　禮勿動。」顏淵曰：「回雖不敏，請事斯語矣！」[1]

可以明白看出所謂「四勿」，指的是「非禮勿視，非禮勿聽，非禮勿言，非禮勿動。」因此有人即將此文句濃縮而以簡稱方式表達，如朱熹在其〈齋居感興〉二十首之十三就有「顏生躬四勿，曾子日三省」[2]之句，而明儒湛若水則有〈四勿總箴〉，李贄有〈四勿說〉，清儒顧汝修有〈四勿箴〉，皆據此名篇。[3]

　　從上引《論語‧顏淵》的記載，可以看出顏淵所問者為仁，但孔子卻以「克己復禮」答之；而在顏淵進一步「請問其目」後，依然認為實行的條目仍在視、聽、言、動等行為的合乎禮；由此可以看出仁與禮關係的密切。所謂「非禮勿視，非禮勿聽，非禮勿言，非禮勿動。」此「四勿」說的意蘊究竟為何？在現今的法治時代又具有什麼意義？本文即嘗試加以探討。

二、「四勿」說的意蘊

　　根據上舉《論語‧顏淵》所載孔子、顏淵師生的問答，可見「四勿」說即指非禮勿視、聽、言、動，而為克己復禮的實施條目，故劉寶楠《論語正義》即將「四勿」與克己復禮相互聯結而解釋說：

　　蓋視、聽、言、動，古人皆有禮以制之，若〈曲禮〉、

---

[1] 朱熹著《論語集注‧顏淵》，台北：大安出版社《四書章句集注》，2005年8月第1版第5刷，頁181~182。

[2] 朱熹著，陳俊民校訂《朱子文集‧齋居感興二十首》，台北：財團法人德富文教基金會，2000年2月初版，頁149。

[3] 另宋儒程頤有〈四箴〉，包括〈視箴〉、〈聽箴〉、〈言箴〉、〈動箴〉，雖不以「四勿」名篇，但顯然是根據《論語‧顏淵》此章所載而撰。

〈少儀〉、〈內則〉諸篇，及《賈子》、《容經》所載，皆是其禮。惟能克己復禮，凡非禮之事所接於吾者，自能有以制吾之目而勿視，制吾之耳而勿聽，制吾之口而勿言，制吾之心而勿行，所謂克己復禮者如此。[4]

對照顏淵曾贊嘆孔子之道的博大高深，以及孔子對學生的循循善誘時所說：「仰之彌高，鑽之彌堅，瞻之在前，忽焉在後。夫子循循然善誘人，博我以文，約我以禮，欲罷不能。既竭吾才，如有所立，卓爾，雖欲從之，末由也已！」[5]則於「博學於文」之後所應注重的「約之以禮」，[6]正是「四勿」說的精神所在。因此要掌握「四勿」說的意蘊必須先對禮的名義有所認識。

綜合儒家典籍及相關著作的論述，禮的名義，可就訓詁學上音訓的角度，從三方面說明：

第一方面為「禮者，體也。」意指禮必須體察人情。

人有七情六慾，必須深入了解掌握，才能制定合宜的節目儀文，將人情導入正軌，而不致於放濫無度。故《禮記・禮運》曰：

飲食男女，人之大欲存焉；死亡貧苦，人之大惡存焉；故欲惡者，心之大端也。人藏其心，不可測度也。美惡皆

---

[4] 劉寶楠著《論語正義・顏淵》，台北：世界書局《新編諸子集成》第一冊，1972 年 10 月新 1 版，頁 262。

[5] 朱熹著《論語集注・子罕》，同 1，頁 150。

[6] 朱熹著《論語集注・雍也》：「子曰：『君子博學於文，約之以禮，亦可以弗畔矣夫！』」同注 1，頁 122。按此章重出於《論語・顏淵》，但無「君子」二字。同 1，頁 189。

　　　　在其心，不見其色也，欲一以窮之，舍禮何以哉？[7]

《禮記‧坊記》也有類似之說，曰：

　　　　子云：「小人貧斯約，富斯驕。約斯盜，驕斯亂。」禮
　　　　者，因人之情而為之節文，以為民坊者也。[8]

窮究人情，知其好惡，而以禮適度規約防範，就可以因勢利導，
使大家樂於遵循，以避免縱情肆欲而為非作歹，故《淮南子‧
齊俗訓》說：

　　　　禮者，體情制文者也。……禮者，體也。[9]

體察人情以制定節目儀文，所制定之節目儀文才不致於窒礙難
行，如此節目儀文所寄寓的道理才能於百姓日用中顯現，發揮
以禮為教的功效，使人心淳厚、風俗美善。

　　　第二方面為「禮者，理也。」意指禮必須合乎事理。

　　　禮有其節目儀文，但節目儀文只是形式，形式背後有其所
要寄託的事理，這才是禮的真正精神所在，也是我們所必須掌
握的，故《白虎通義》云：

　　　　禮者，履也，履道成文也。[10]

為實踐道理而形成節目儀文，可見道理乃是制定節目儀文的依

---

[7]　鄭玄注，孔穎達疏《禮記正義‧禮運》，台北：藝文印書館影印嘉慶二十年
　　江西南昌府學開雕《重刊宋本禮記注疏附校勘記》，頁 431。
[8]　鄭玄注，孔穎達疏《禮記正義‧坊記》，同 7，頁 863。
[9]　高誘注《淮南子》，同 4，第七冊，頁 176。
[10]　班固著《白虎通義》，台北：台灣商務印書館《國學基本叢書》，1968 年 3
　　月 1 版，頁 319。

據，而為禮的根本，所以《荀子‧樂論》說：

> 禮也者，理之不可易者也。[11]

掌握到根本，而不是在節目儀文等枝節上講求，才是行禮所必須注重的，因此孔子才會對徒事虛文而不講求本質的不良風氣深致其感慨道：

> 禮云禮云，玉帛云乎哉？樂云樂云，鐘鼓云乎哉？[12]

節目儀文雖然不能沒有，但到底只是外在的形式，其作用乃是將內在的事理，亦即真正的意涵表現出來，故《禮記‧仲尼燕居》記載孔子之言曰：

> 禮也者，理也。……君子無理不動。[13]

合乎事理，節目儀文雖然簡陋，依然是禮；不合乎事理，節目儀文儘管繁多，也不夠格成為禮。可見事理才是我們行事的準則，也才是禮之成為真正之禮的關鍵。

　　第三方面為「禮者，履也。」意指禮必須實際踐履。

　　禮儘管體察而順應了人情，也合乎處事應循的道理，但如果不實地去做，一切也只是徒托空言。故《說文解字》即將禮解釋為履，曰：

> 禮，履也，所以事神致福也。[14]

---

[11] 王先謙著《荀子集解‧樂論》，同4，第二冊，頁255。按此語又見於《禮記‧樂記》，同7，頁684。

[12] 朱熹著《論語集注‧陽貨》，同1，頁250。

[13] 鄭玄注，孔穎達疏《禮記正義‧仲尼燕居》，同7，頁854。

《荀子・大略》也強調禮之所重乃在於實踐，如其不然，則將導致難以收拾的嚴重後果，云：

> 禮者，人之所履也，失所履，必顛蹶陷溺，所失微而其為亂大者，禮也。[15]

因此當子張問政於孔子，孔子即一再闡明禮樂之所重乃在於能實際踐履，《禮記・仲尼燕居》即記載說：

> 子張問政。子曰：「師乎！前，吾語女乎！君子明於禮樂，舉而錯之而已。」子張復問。子曰：「師！爾以為必鋪几筵，升降酌，獻酬酢，然後謂之禮乎？爾以為必行綴兆，興羽籥，作鐘鼓，然後謂之樂乎？言而履之，禮也。行而樂之，樂也。[16]

所謂「舉而錯之」、「言而履之」，其中的「錯」（通「措」，施行）、「履」，所指皆為實踐，可見禮之所重乃在於能付諸實際的行動。

　　綜合以上三方面的說明，可知禮乃是於體察人情之後，根據事理，以制定節目儀文，然後透過節目儀文的形式，將所寄託的人情、事理表現出來。「四勿」說既然是以禮為依歸，認為我們目之所視、耳之所聽、口之所言、身之所行，皆須以禮為規範而遵循之，則其意蘊即在於將人情、事理融合為一，並於日常生活中踐履出來，以規範個人的舉止行為，使能皆合乎

---

[14] 許慎著，段玉裁注《說文解字注》，台北：黎明文化事業公司，1978 年 11 月 4 版，頁 2。

[15] 王先謙著《荀子集解・大略》，同 4，第二冊，頁 327。

[16] 鄭玄注，孔穎達疏《禮記正義・仲尼燕居》，同 7，頁 856。

矩鑊。人而如此，自然可以克己修身，進而於己立己達之外更
能立人達人，以形成和諧美善的禮治社會。

三、「四勿」說在法治時代的意義

　　按現代為法治時代，一切行為皆以合法或不合法作為評斷
的準則，與「四勿」說所講求的以禮為教並不相同。然而細加
探究，就可發現禮、法其實有其相通之處，即兩者皆兼具有指
導及節制的作用，只不過禮的指導作用大而節制作用小，法則
剛好相反。

　　舉例而言，「四勿」說所謂「非禮勿視，非禮勿聽，非禮
勿言，非禮勿動。」即在告訴我們所行所為必須依循於禮，其
作用乃偏向於指導。至如孔子所說：「恭而無禮則勞，慎而無
禮則葸，勇而無禮則亂，直而無禮則絞。」[17]即明白指出恭、慎、
勇、直等美德如果沒有禮的約束，將會造成勞、葸、亂、絞等
的弊害，此處所指禮的作用即偏向於節制。但一般人之所行所
為能否遵循禮的指導，並接受禮的節制而不造成弊害，並無法
獲得保證，亦即禮實際上是缺乏強制力的。至於法則不然，法
固然強調對於人民權益的保障，帶有指導意味；但是在民法、
刑法當中，卻充斥著多如牛毛的各種禁制或處罰的規定，在公
權力的介入之下，或使人的財產受到損失，或剝奪人身的自由，
甚至危害到人的生命維繫，亦即法帶有很大的強制性。

　　正由於禮、法兼具有指導及節制的作用，但卻各有所偏重，
則如能相互配合為用，正好可以調劑對方的不足，而發揮補偏

---

[17] 朱熹著《論語集注・泰伯》，同 1，頁 138。

救弊的功能。是故以禮為教的「四勿」說在現今的法治時代，
仍有其重大的意義，茲就所見分述之如下：

（一）防患未然，以收正本清源之效

前已述及，禮重在指導作用，而因缺乏強制力以致節制作
用較弱；法則帶有很大的強制性，指導作用雖較不明顯，但能
充分發揮節制作用。指導偏向主動，重在事前的預為防範；節
制則屬被動，偏於事後的懲處補救。《漢書・賈誼傳》即引賈
誼上漢文帝之疏曰：

> 夫禮者禁於將然之前，而法者禁於已然之後。是故法之
> 所用易見，而禮之所為生難知也。[18]

司馬遷在其《史記・太史公自序》中也有相同的看法，曰：

> 夫禮禁未然之前，法施已然之後；法之所為用者易見，
> 而禮之所為禁者難知。[19]

一在「將然之前」、「未然之前」，屬於事前；一在「已然之
後」，屬於事後。在事前者因缺乏強制力，而且費時較久，故
「所為生難知」、「所為禁者難知」，效用難以顯現；在事後
者則具有很大的強制力，而且可以立竿見影，故「所用易見」、
「所為用者易見」，成效明顯。如純就效果而論，在事前者確
實遠遠不如在事後者，可是賈誼在其所上之疏中又強調說：

---

[18] 班固著，顏師古注，王先謙補注《漢書・賈誼傳》，台北：藝文印書館影印
光緒庚子春日長沙王氏校刊《漢書補注》，頁 1076。王先謙補注曰：「生，
閩本作用。」

[19] 司馬遷著，裴駰集解，司馬貞索隱，張守節正義《史記・太史公自序》，台
北：藝文印書館影印清乾隆武英殿刊本，頁 1353。

> 然而曰禮云禮云者，貴絕惡於未萌而起教於微眇，使民
> 日遷善遠罪而不自知也。孔子曰：「聽訟，吾猶人也，
> 必也使無訟乎！」[20]

所謂「禁於將然之前」、「禁未然之前」、「絕惡於未萌而起
教於微眇」，所指皆為在本源上即預作防範，以避免罪惡或禍
患的發生。能如此正本清源就不必於事後亡羊補牢，是故《周
易・既濟》大象曰：

> 水在火上，既濟，君子以思患而豫防之。[21]

　　按〈既濟〉之卦象為☲☵，下坎上，離為火，在下；坎為水，
在上。水在火上，炊煮之象，水火相交而各當其用，代表事情
已經成功。然而禍常發於所忽之中，而亂常起於不足疑之事，
因此「時當既濟，唯慮患害之生，故思患豫防，使不至於患也。
自古天下既濟而致禍亂者，蓋不能思患而豫防也。」[22]思患而豫
（預）防之，此即禮教之功用也。

（二）操之在己，具有主動積極精神

　　在「四勿」說所出的《論語・顏淵》顏淵問仁章中，顏淵
問仁，孔子以「克己復禮」答之，並說「為仁由己，而由人乎
哉？」兩度提到了「己」，等到顏淵請問其目，孔子即以「四
勿」答之，可以推知「四勿」的關鍵乃在於「己」。是故何晏
《論語集解》於「為仁由己」下引孔安國曰：

---

[20] 班固著，顏師古注，王先謙補注《漢書・賈誼傳》，同 18，頁 1076。
[21] 王弼、韓康伯注，孔穎達疏《周易正義・既濟》，台北：藝文印書館影印嘉
慶二十年江西南昌府學開雕《重刊宋本周易注疏附校勘記》，頁 136。
[22] 程頤著《易程傳・既濟》，台北：世界書局，1979 年 10 月 5 版，頁 278。

　　行善在己，不在人也。[23]

劉寶楠《論語正義》則於孔子提出「四勿」之說下引申道：

　　視、聽、言、動，皆在己不在人，故為仁由己，不由人
　　也。[24]

所謂「在己不在人」，即能發自內心，自覺的遵循禮的規範，
而非依靠外在力量的制約而勉強為之。既然操之在己，而能發
揮主動積極的精神，其效果當然比因被動而不得不然良好許
多。故《論語・為政》記載：

　　子曰：「道之以政，齊之以刑，民免而無恥；道之以德，
　　齊之以禮，有恥且格。」[25]

《禮記・緇衣》也有類似的記載：

　　子曰：「夫民，教之以德，齊之以禮，則民有格心；教
　　之以政，齊之以刑，則民有遯心。」[26]

出於主動而樂意為之，自然能「有恥且格」、「有格心」；迫
於被動而心不甘情不願的去做，勢必「免而無恥」、「有遯心」。
是故賈誼於上漢文帝之疏中總結道：

　　以禮義治之者積禮義，以刑罰治之者積刑罰，刑罰積而
　　民怨背，禮義積而民和親。故世主欲民之善同，而所以

---

[23] 何晏集解，邢昺疏《論語正義・顏淵》，台北：藝文印書館影印嘉慶二十年
江西南昌府學開雕《重刊宋本論語注疏附校勘記》，頁106。
[24] 劉寶楠著《論語正義・顏淵》，同4，頁262。
[25] 朱熹著《論語集注・為政》，同1，頁70。
[26] 鄭玄注，孔穎達疏《禮記正義・緇衣》，同7，頁927。

> 使民善者或異，或道之以德教，或敺之以法令。道之以
> 德教者，德教洽而民氣樂；敺之以法令者，法令極而民
> 風哀。哀樂之感，禍福之至也。[27]

操之於己，能自動自發，與操之在人，不得已而為之，效果迥
異。可見以禮為教自有其使民日遷於善而不自知，馴至發揮移
風易俗的莫大功用，允宜為我們所格外重視。

四、結　語

　　孔子的中心思想為仁，故《論語》所載師生之間以仁問答
者為多，惟仁為眾德的總稱，難以具體指言之，故孔子皆以實
際的下手工夫告曉弟子。顏淵問仁，孔子以「克己復禮」答之，
而又以「非禮勿視，非禮勿聽，非禮勿言，非禮勿動。」此「四
勿」說作為實際的下手工夫。按孔子曾言：「人而不仁，如禮
何？人而不仁，如樂何？」[28]可見禮雖以仁為根本，但禮則為仁
的實際運用，不依賴禮就無法顯現仁的精神，可見仁、禮關係
之密切。

　　「四勿」說既然以禮作為視、聽、言、動的準則，而禮則
必須體察人情，合乎事理，並實際踐履，此禮之名義即為「四
勿」說的內涵。然而禮雖然有其指導作用，但其節制作用卻因
缺乏強制力而難以充分發揮。相對於禮，法的指導作用雖然較
弱，卻有很大的強制性，因而可以完全展現其節制作用。彼此
各有所長，而亦有其所不足，正好可以互補，以發揮交相為用

---

27 班固著，顏師古注，王先謙補注《漢書・賈誼傳》，同 18，頁 1076~1077。
28 朱熹著《論語集注・八佾》，同 1，頁 82。

的功效。

　　現代社會由於人際關係已不如以往單純，社會風氣也不像過去一般祥和，想要憑藉禮教以維持安定和諧，事實上已猶如緣木求魚般不可能，所以必須日益依賴法令的制約來保有一定的秩序，是以現代的國家無一不步上法治之途。儘管如此，「四勿」說的以禮為教，由於具有防患於未然、操之於自己的特性，在現代的法治社會中，依然可以與法政相輔相成而發揮其作用。《禮記‧樂記》嘗謂：

> 禮以道其志，樂以和其聲，政以一其行，刑以防其姦，
> 禮、樂、刑、政，其極一也，所以同民心而出治道
> 也。……禮節民心，樂和民聲，政以行之，刑以防之，
> 禮、樂、刑、政，四達而不悖，則王道備矣！[29]

《周易‧繫辭傳下第五章》說：「天下同歸而殊塗，一致而百慮。」[30]《中庸》第三十章也稱：「萬物並育而不相害，道並行而不相悖。」[31]禮與法之道雖未必盡同，卻可以相互為謀，而收集功廣益之效。以此用來說明「四勿」說在現代法治社會中仍然饒具值得我們重視的意義，可謂確當。

　　——原發表於 2016 年 11 月濟南「中華文明與人類共同價值國際學術研討會」，後被收錄於《山東省社會主義學報》，2017 年 4 期。

---

[29] 鄭玄注，孔穎達疏《禮記正義‧樂記》，同 7，頁 663~667。
[30] 王弼、韓康伯注，孔穎達疏《周易正義‧繫辭傳》，同 21，頁 169。
[31] 朱熹著《中庸章句》，台北：大安出版社《四書章句集注》，2005 年 8 月第 1 版第 5 刷，頁 50。

伍、對人性的肯定與激勵

──《孟子・公孫丑上》「四端」的屬性及其在修養上的意義

一、前　言

　　《孟子・滕文公上》記載說：「孟子道性善，言必稱堯、舜。」[1]語雖簡約，卻能很精準扼要的道出孟子之學的意蘊。按性善說為孟子思想的核心，而性善的標竿人物則為堯、舜，因堯、舜之所行所為乃在順此本然的善性，自然而毫不勉強的合乎聖人的境界。對此，孟子即曾屢屢言之曰：「舜明於庶物，察於人倫，由仁義行，非行仁義也。」[2]「堯、舜，性之也。」[3]「堯、舜，性者也。」[4]可見「道性善」與「稱堯、舜」實乃同一事而不可歧分為二。故朱熹說：

　　　孟子見人即道性善，稱堯、舜，此是第一義。若於此看

---

[1]　朱熹著《孟子集注・滕文公上》，台北：大安出版社《四書章句集注》，2005
　　年8月第1版第5刷，頁351。
[2]　朱熹著《孟子集注・離婁下》，同1，頁411。
[3]　朱熹著《孟子集注・盡心上》，同1，頁502。
[4]　朱熹著《孟子集注・盡心下》，同1，頁524。

得透，信得及，直下便是聖賢，更無一毫人欲之私做得病痛。[5]

焦循也說：

孟子生平之學，在道性善，稱堯、舜。……孟子學孔子之學，惟此道性善，稱堯、舜兩言盡之。[6]

都在指明「道性善，稱堯、舜」為孟子之學的要義所在。

按孟子的性善說見於〈告子上〉所載，孟子在弟子公都子歷述當時之人各種對人性的看法後，質疑孟子的說法道：「今曰性善，然則彼皆非與」之後的回答：

乃若其情，則可以為善矣，乃所謂善也。若夫為不善，非才之罪也。惻隱之心，人皆有之；羞惡之心，人皆有之；恭敬之心，人皆有之；是非之心，人皆有之。惻隱之心，仁也；羞惡之心，義也；恭敬之心，禮也；是非之心，智也。仁、義、禮、智，非由外鑠我也，我固有之也，弗思耳矣。[7]

實則上引話語似已有所簡化，其較詳盡者蓋出於〈公孫丑上〉：

人皆有不忍人之心。先王有不忍人之心，斯有不忍人之

---

[5] 朱熹著，陳俊民校編《朱子文集・答梁文叔三》，台北：財團法人德富文教基金會，2000 年 2 月，頁 1995。《朱子語類》亦載：「『道性善』與『稱堯、舜』，二句正相表裡。」見黃士毅編，徐時儀、楊艷彙校《朱子語類彙校》，上海：上海古籍出版社，2014 年 12 月第 1 版，頁 1389。

[6] 趙岐注，焦循疏《孟子正義・滕文公上》，台北：世界書局《新編諸子集成》第一冊，1972 年 10 月新 1 版，頁 186-188。

[7] 朱熹著《孟子集注・告子上》，同 1，頁 459。

政。以不忍人之心，行不忍人之政，治天下可運之掌上。
所以謂人皆有不忍人之心者，今人乍見孺子將入於井，
皆有怵惕惻隱之心。非所以內交於孺子之父母也，非所
以要譽於鄉黨朋友也，非惡其聲而然也。由是觀之，無
惻隱之心，非人也；無羞惡之心，非人也；無辭讓之心，
非人也；無是非之心，非人也。惻隱之心，仁之端也；
羞惡之心，義之端也；辭讓之心，禮之端也；是非之心，
智之端也。人之有是四端也，猶其有四體也。有是四端
而自謂不能者，自賊者也；謂其君不能者，賊其君者也。
凡有四端於我者，知皆擴而充之矣，若火之始然，泉之
始達。苟能充之，足以保四海；苟不充之，不足以事父
母。[8]

文中明白指出惻隱、羞惡、辭讓、是非之心為仁、義、禮、智
之端，亦即仁、義、禮、智乃是出於惻隱、羞惡、辭讓、是非
之心。善性既然出於心，孟子乃就不忍於他人受到傷害之善心，
類推到人皆具有善性之端，故曰：「仁、義、禮、智根於心。」
[9]

---

[8] 朱熹著《孟子集注・公孫丑上》，同1，頁328-329。按朱熹於《孟子集注・
滕文公上》「孟子道性善，稱堯、舜」下注曰：「孟子之言性善，始見於此，
而詳具於〈告子〉之篇。」按上引〈告子上〉所言並不如〈公孫丑上〉詳盡，
但朱熹如此言之，蓋〈告子上〉曾出現「性善」之詞，而〈公孫丑上〉則否
的緣故。再按文中述及四心與四端的關係，僅將「恭敬之心」改稱「辭讓之
心」，其餘可謂並無不同。又按孟子舉孺子將入於井之例，證明人皆有惻隱
之心的仁之端以後，便不再舉例而直接說人亦有呈現義、禮、智之端的羞惡、
辭讓、是非之心。焦循云：「不忍人之心，即是惻隱之心，惻隱之心為仁之
端，仁、義、禮、智，四端一貫，故但舉惻隱，而羞惡、辭讓、是非即具矣；
但有仁之端，而義、禮、智之端即具矣。」見同6，頁139。
[9] 朱熹著《孟子集注・盡心上》，同1，頁497。

在〈公孫丑上〉的這段文字中，三度提到「四端」之詞，一方面指明惻隱之心、羞惡之心、辭讓之心、是非之心分別為仁、義、禮、智之端。二方面說人有此「四端」，就如同有四體一般的自然。三方面更強調如能就此「四端」擴充之，則其效用將十分宏大。

為什麼說惻隱、羞惡、辭讓、是非四種善心乃是仁、義、禮、智四種善性之端？人具有仁、義、禮、智四種善性之端，何以就如同我們天生即有四體一般？如果能擴充仁、義、禮、智四種善性之端，怎麼就能達到宏大的效用？凡此都必須就「四端」的屬性，以及「四端」之說在修養上所具有的意義去了解，此兩點即為本文所欲探究者。

二、「四端」的屬性

所謂「四端」，據前所述，指的是仁、義、禮、智四性之端，而此四性之端則出於惻隱、羞惡、辭讓、是非四心。此性、此心究竟具有何種性質？約而言之，蓋可分為三點。

（一）獨特性——專指人的心、性，並非泛指動物的心、性

要了解孟子對心、性的看法，必須先認識他對心、性的定義。就心而言，〈公孫丑上〉已指出「由是觀之，無惻隱之心，非人也；無羞惡之心，非人也；無辭讓之心，非人也；無是非之心，非人也。」[10]可見人如不具備此四心就不成其為人，故趙

---

[10] 朱熹著《孟子集注·公孫丑上》，同1，頁328。

岐《孟子注》曰：

> 言無此四者，當若禽獸非人心耳，為人則有之矣。[11]

焦循《孟子正義》引而申之曰：

> 孟子四言非人，乃極言人心必有此四者。趙氏此注，深
> 得孟子之恉，不愧通儒。[12]

兩人皆明白指出孟子所謂的心乃是專指人心而言。

就性來說，〈盡心下〉曰：

> 口之於味也，目之於色也，耳之於聲也，鼻之於臭也，
> 四肢之於安佚也，性也。有命焉，君子不謂性也。仁之
> 於父子也，義之於君臣也，禮之於賓主也，智之於賢者
> 也，聖人之於天道也，命也。有性焉，君子不謂命也。[13]

孟子在此認為耳、目、口、鼻、四肢等生理的欲望，包括人在
內的動物皆有之，固然可以說是人的本性，但是能否充分滿足
此本性，並非完全操之在己、強求可得，而會受客觀因素的影
響，可以說是命中注定的，所以君子不認為那是真正的人的本
性。至於仁、義、禮、智、天道等，是上天所賦予我們人的，
只要能存養擴充，必然可以擁有，這才是操之在己、真正的人
的本性。

綜上所述，可見孟子所講的心是專指人心，所講的性是專

11　趙岐注，焦循疏《孟子正義・公孫丑上》，同 6，頁 138。
12　趙岐注，焦循疏《孟子正義・公孫丑上》，同 6，頁 139。
13　朱熹著《孟子集注・盡心下》，同 1，頁 519。

指人性，而不是泛指動物的心、性，這也就是孟子為何要強調人與禽獸之別的原因所在。〈離婁下〉曰：

> 人之所以異於禽獸者幾希，庶民去之，君子存之。[14]

朱熹即根據其理氣論，分辨人與禽獸的微小差異，他說：

> 人物之生，同得天地之理以為性，同得天地之氣以為形；其不同者，獨人於其間得形氣之正，而能有以全其性，為少異耳。雖曰少異，然人物之所以分，實在於此。眾人不知此而去之，則名雖為人，而實無以異於禽獸。君子知此而存之，是以戰兢惕厲，而卒能有以全其所受之理也。[15]

焦循雖不持理氣論立場，但其說與朱熹並無二致，同樣強調人與禽獸在心、性上的分別，他說：

> 飲食男女，人有此性，禽獸亦有此性，未嘗異也。乃人之性善，禽獸之性不善者，人能知義，禽獸不能知義也。因此心之所知而存之，則異於禽獸。心雖能知而舍而去之，則同於禽獸矣。庶民不能自存，必賴君子教而存之，此孟子道性善之本旨。[16]

由是可見孟子所謂的心、性乃是專指人的心、性，而非泛指動

---

[14] 朱熹著《孟子集注・離婁下》，同 1，頁 411。
[15] 朱熹著《孟子集注・離婁下》，同 1，頁 411-412。
[16] 趙岐注，焦循疏《孟子正義・離婁下》，同 6，頁 334。按《孟子・滕文公上》：「人之有道也，飽食、煖衣、逸居而無教，則近於禽獸。聖人有憂之，使契為司徒，教以人倫：父子有親，君臣有義，夫婦有別，長幼有序，朋友有信。」焦循之說與之相同。見同 1，頁 360-361。

物的心、性。必須有此認識，才不致於誤解孟子的性善論，並如實的掌握其說的本旨，而在修養上發揮其作用。

（一）先在性—此人的心、性乃人先天所本有

孟子於〈公孫丑上〉提及人皆具有惻隱、羞惡、辭讓、是非之心，此四心乃仁、義、禮、智四性之端，稱之為「四端」。緊接著又說：

> 人之有是四端也，猶其有四體也。[17]

朱熹注云：

> 四體，四支，人之所必有者也。[18]

焦循也說：

> 四端之有於心，猶四支之有於身，言必有也。[19]

兩人都稱「四端」猶如「四支（肢）」般，乃人所「必有」，意謂人天生本來就具有。故孟子舉人之乍見孺子將入於井為例，說明人天生即有惻隱之心，曰：

> 今人乍見孺子將入於井，皆有怵惕惻隱之心。非所以內交於孺子之父母也，非所以要譽於鄉黨朋友也，非惡其聲而然也。[20]

朱熹引謝良佐之言曰：

---

17 朱熹著《孟子集注‧公孫丑上》，同 1，頁 329。
18 朱熹著《孟子集注‧公孫丑上》，同 1，頁 330。
19 趙岐注，焦循疏《孟子正義‧離婁下》，同 6，頁 139。
20 朱熹著《孟子集注‧公孫丑上》，同 1，頁 328。

　　謝氏曰：「人須是識其真心。方乍見孺子入井之時，其心怵惕，乃真心也，非思而得，非勉而中，天理之自然也。」[21]

既然是「天理之自然」，當然為天生即具有，故孟子又說：

　　惻隱之心，人皆有之；羞惡之心，人皆有之；恭敬之心，人皆有之；是非之心，人皆有之。惻隱之心，仁也；羞惡之心，義也；恭敬之心，禮也；是非之心，智也。仁、義、禮、智，非由外鑠我也，我固有之也，弗思耳矣。[22]

所謂「我固有之」，即十分清楚的指出善心，亦即善性之端，乃是我們先天所具有的，故孟子稱之為「良能」、「良知」：

　　人之所不學而能者，其良能也；所不慮而知者，其良知也。孩提之童，無不知愛其親者；及其長也，無不知敬其兄也。親親，仁也；敬長，義也。無他，達之天下也。[23]

對於「良」字，朱熹釋之曰：

　　良者，本然之善也。[24]

又引用程子之言說：

　　程子曰：「良知良能，皆無所由；乃出於天，不繫於人。」[25]

---

[21] 朱熹著《孟子集注・公孫丑上》，同1，頁329。
[22] 朱熹著《孟子集注・告子上》，同1，頁459。
[23] 朱熹著《孟子集注・盡心上》，同1，頁495。
[24] 朱熹著《孟子集注・盡心上》，同1，頁495。
[25] 朱熹著《孟子集注・盡心上》，同1，頁495。

所謂「本然」，意謂本來如此；「乃出於天」，更明白指出人的心、性是出自於天；凡此皆可見其具有「先天」的屬性。

至於趙岐雖然將「良」字解釋為「甚」，曰：

> 良，甚也，是人之所能甚也。[26]

但他還是又說：

> 不學而能，性所自能。[27]

既然是「性所自能」，當然是出於自然，依然是屬於先天的。[28]

綜合以上各家的看法，都可看出他們一致認定：善心（善性之端）皆是由上天所賦與。

（三）遍在性─此人的心、性乃人人皆具有

前已述及，孟子在〈公孫丑上〉說：「人之有是四端，猶其有四體也。」[29]朱熹注及焦循疏都稱人之有「四端」，猶如人之有「四支（肢）」，乃人之所「必有」，一方面固然可以說「四端」是人天生本來就具有的，另方面也可以說「四端」是每個人都具有的。所以孟子在〈告子上〉述及惻隱之心、羞惡之心、恭敬之

---

26 趙岐注，焦循疏《孟子正義・盡心上》，同 6，頁 529。
27 趙岐注，焦循疏《孟子正義・盡心上》，同 6，頁 529。
28 焦循對「良」字的解釋，採趙岐之說，曰：「良，甚之義。……良能猶言甚能；良知猶言甚知；甚能甚知，即最能最知；最能最知，即知之最，能之最也。」見同 6，頁 529。趙岐、焦循兩人皆就程度訓解，「良能」、「良知」即是「最高（或最好）的能」、「最高（或最好）的知」，但與孟子所言「不學而能」、「不慮而知」之義顯有不符。可見朱熹將「良」解釋為「本然」，才能符合孟子的本意。
29 朱熹著《孟子集注・公孫丑上》，同 1，頁 329。

心、是非之心時，都說「人皆有之」；並且進一步指出此四心乃仁、義、禮、智四性之端，強調「仁、義、禮、智，非由外鑠我也，我固有之也。」[30]

是故，孟子在舉今人乍見孺子將入於井為例，說明人皆有側隱之心時，趙岐即注解道：

> 所以言人皆有是心。凡人見小小孺子將入井，賢愚皆有驚駭之情。情發於中，非為人也，非惡有不仁之聲名，故怵惕也。[31]

所謂「人皆有是心」，即在指明不論賢愚見此情景，皆有驚駭之情，可知此側隱之心乃是普遍存在的。另外，孟子又在〈告子上〉以捨生取義為例，指出人皆有羞惡之心，曰：

> 生，亦我所欲也；義，亦我所欲也；二者不可得兼，舍生而取義者也。生亦我所欲，所欲有甚於生者，故不為苟得也；死亦我所惡，所惡有甚於死者，故患有所不辟也。如使人之所欲莫甚於生，則凡可以得生者，何不用也？使人之所惡莫甚於死者，則凡可以辟患者，何不為也？由是則生而有不用也，由是則可以辟患而有不為也。是故所欲有甚於生者，所惡有甚於死者，非獨賢者有是心也，人皆有之，賢者能勿喪耳。[32]

按此章上引文句之下又云：「一簞食，一豆羹，得之則生，弗得則死，嘑爾而與之，行道之人弗受；蹴爾而與之，乞人不屑也。」

---

[30] 朱熹著《孟子集注・告子上》，同1，頁459。

[31] 趙岐注，焦循疏《孟子正義・公孫丑上》，同6，頁138。

[32] 朱熹著《孟子集注・告子上》，同1，頁465。

闡明雖遭遇困窮而瀕於死亡之際，仍能保有羞惡之心；以與隨後
所述「萬鍾則不辨禮義而受之。萬鍾於我何加焉？為宮室之美、
妻妾之奉、所識窮乏者得我與？」拿來互相對照，以質疑後者作
法之大不當。指出若「失其本心」，則將毫無羞恥之心，以致胡
作非為。故朱熹於此章下注曰：

> 此章言羞惡之心，人所固有。或能決死生於危迫之際，而
> 不免計豐約於宴安之時，是以君子不可頃刻而不省察於斯
> 焉。[33]

雖意在警戒我們當隨時省察是否「失其本心」，但也明白的指出
「羞惡之心，人所固有」。

　　除所舉惻隱之心、羞惡之心兩個例子外，孟子又以口之於
味、耳之於聲、目之於色，人人皆有同好，拿來與人心相對照，
說明人心亦有同好，曰：

> 口之於味也，有同耆焉；耳之於聲也，有同聽焉；目之於
> 色也，有同美焉。至於心，獨無所同然乎？心之所同然者
> 何也？謂理也，義也。聖人先得我心之所同然耳。故理義
> 之悅我心，猶芻豢之悅我口。[34]

既然是「我心之所同然者」，可見此心、性乃普遍具備於每個人
身上，但「賢人能勿喪耳」，故如何存心養性即成為修養上的大
課題。

---

[33] 朱熹著《孟子集注・告子上》，同1，頁467。
[34] 朱熹著《孟子集注・告子上》，同1，頁462。

三、「四端」之說在修養上的意義

「四端」具有上述獨特性、先在性、遍在性等特質，認為每個人都是天生具備有別於禽獸的心、性。但是具有此善心及善性之端，並不代表每個人的行為即可據此而完美無缺，所以在後天上仍有賴於人從事修養，尤其是後天的修養更是吾人所應著力之處。故「四端」之說其實是兼顧先天與後天的，其在修養上蓋具有以下所述兩方面的意義。

（一）為修養成為可能提供依據

孟子認為凡是人皆天生具有惻隱、羞惡、辭讓、是非之心，此四心為仁、義、禮、智四性之端，稱為「四端」。按「端」字本作「耑」，《說文解字》云：

> 耑，物初生之題也。上象生形，下象根也。[35]

段玉裁注曰：

> 題者額也，人體額為最上，物之初見即其額也，古發端字作此，今則端行而耑廢，乃多用耑為專矣。《周禮》「磬氏以下則摩其耑」，耑之本義也。《左傳》「履端於始」，假端為耑也。[36]

由是可見「端」有開端、萌芽之意，是故「四端」僅僅是人性

---

[35] 許慎著，段玉裁注《說文解字注》，台北：黎明文化事業公司，1978 年 11 月四版，頁 340。

[36] 許慎著，段玉裁注《說文解字注》，同 35，頁 340。

之善的開端、萌芽，並非人性之善的完成、完滿，要完成人性
之善以達到完滿的境地，還有待於人藉此開端、萌芽努力開展。
趙岐即抱持這種看法，注解道：

> 端者，首也。人皆有仁、義、禮、智之首，可引用之。[37]

焦循疏也先從訓詁上講明「端」的字義，並進而引用《大學》、
《中庸》之文句，闡發孟子注重人事的用心，其言曰：

> 《儀禮·鄉射禮》注云：「序端，東序頭也。」頭，首
> 也，故端為首。端與耑通，《說文》耑部曰：「耑，物
> 初生之題也。」題亦頭也，故《考工記》「輪人鑿端」，
> 注云：「內題方有頭」，可由此推及全體。惠氏士奇〈大
> 學說〉云：「《大學》致知、《中庸》致曲，皆自明誠
> 也。」《中庸》謂之曲，《孟子》謂之端，在物為曲，
> 在心為端。致者，擴而充之也。[38]

或稱「題」，或稱「額」（額），或稱「首」，或稱「頭」，
都只是開端、萌芽之意。但既然稱之為「四端」，意謂仁、義、
禮、智之性可以將惻隱之心、羞惡之心、辭讓之心、是非之心
作為開端，而「引用之」、「擴而充之」。

　　綜上所述，故陳澧就明言孟子的性善僅僅是說人性皆有
善，並非認為人性為純善，其言曰：

> 孟子所謂性善者，謂人人之性皆有善也，非謂人人之性

---

[37] 趙岐注，焦循疏《孟子正義·公孫丑上》，同 6，頁 139。
[38] 趙岐注，焦循疏《孟子正義·公孫丑上》，同 6，頁 139。

> 皆純乎善也。……後儒疑孟子者，未明孟子之說耳。[39]

指出孟子的本意乃是認為人人皆具有善的開端、萌芽，亦即具有善的因子，如此才有可能發展為善；並不認為人天生就是純粹至善，而不需要作任何的努力；這才是孟子性善說的真諦。

　　按我們的任何行事，首先必須要考量是否為可能，如屬可能，才能展開計畫，按部就班的依程序執行，以達成目標；如屬不可能，則儘管再怎麼努力，也是白費心力，終歸徒然。既然說肯定人性具有善性的開端、萌芽，即表示有可能期待其抽枝、展葉、開花、結果，如此澆水、施肥、讓其接受日曬等人事的努力才屬有效。故性善說的一大意義，即在保證修養的可能達成。

（二）強調修養的關鍵在於自己

　　孟子雖然肯定所有的人先天即具有善心而為善性之端，但他更強調人在後天的努力。由於只有賢者能不喪失本心，[40]所以他認為我們首先必須「求」，以找回放失的本心，故曰：

> 仁，人心也；義，人路也。舍其路而弗由，放其心而不知求，哀哉！人有雞犬放，則知求之；有放心而不知求。學問之道無他，求其放心而已矣。[41]

又曰：

---

[39] 陳澧撰《東塾讀書記》，台北：台灣中華書局，1966 年 3 月台 1 版，卷 3，頁 1。

[40] 《孟子・告子上》：「非獨賢者有是心也，人皆有之，賢者能勿喪耳。」見同 1，頁 465。

[41] 朱熹著《孟子集注・告子上》，同 1，頁 467。

> 求則得之，舍則失之，是求有益於得也，求在我者也。[42]

本心原來就為我們所有，所以只要知道去求，必然會有所得。

找回本心之後就要注重存養，一方面使其不致於再放失，另方面又可讓其日益滋長茁壯，以求心、性與天道合一，故曰：

> 苟得其養，無物不長；苟失其養，無物不消。孔子曰：「操則存，舍則亡，出入無時，莫知其鄉。」惟心之謂與！[43]

又曰：

> 盡其心者，知其性也。知其性，則知天矣。存其心，養其性，所以事天也。殀壽不貳，修身以俟之，所以立命也。[44]

意謂能盡心以知性，則可以達到天人合德的境界；是故存心以養性，就能讓我們的身心性命獲得最好的安頓。

此存心以養性之道即為擴充的工夫，如能知而行之，則其效用將不可限量，故曰：

> 凡有四端於我者，知皆擴而充之矣，若火之始然，泉之始達。苟能充之，足以保四海；苟不充之，不足以事父母。[45]

又曰：

---

[42] 朱熹著《孟子集注‧盡心上》，同1，頁490。
[43] 朱熹著《孟子集注‧告子上》，同1，頁463。
[44] 朱熹著《孟子集注‧盡心上》，同1，頁489。
[45] 朱熹著《孟子集注‧公孫丑上》，同1，頁329。

> 人皆有所不忍，達之於其所忍，仁也；人皆有所不為，
> 達之於其所為，義也。人能充無欲害人之心，而仁不可
> 勝用也；人能充無穿踰之心，而義不可勝用也。人能充
> 無受爾汝之實，無所往而不為義也。[46]

不論是「足以保四海」，或者是「仁不可勝用」、「義不可勝用」、「無往而不為義」，皆可看出如能推廣己之所能，以及於其他人、物，則將可以利濟眾生、澤被萬物，所謂「知天」、「立命」者即指此而言。

　　包括求其放心以及存養擴充，其關鍵實皆在於自己，誠如朱熹《孟子集注》引程子曰：「聖賢千言萬語，只是欲人將已放之心約之，使反復入身來，自能尋向上去，下學而上達也。」[47]又再引程子曰：「人皆有是心，惟君子為能擴而充之。不能然者，皆自棄也。然其充與不充，亦在我而已矣。」[48]所謂「將已放之心約之，使反復入身來」、所謂「充與不充，亦在我而已矣」，指的都是有賴於自己。故性善說的另一大意義，即在強調修養的關鍵乃在於我們自己本身。

四、結　語

　　孟子「四端」之說一方面肯定人人先天皆具有善性之端，另方面更著重後天的盡人事，立論兼顧先天、後天而不陷於一偏，思慮極為周到。以孟子所舉「今人乍見孺子將入於井，皆

---

[46] 朱熹著《孟子集注・盡心下》，同1，頁522-523。
[47] 朱熹著《孟子集注・告子上》，同1，頁467。
[48] 朱熹著《孟子集注・公孫丑上》，同1，頁330。

有怵惕惻隱之心」的例子觀之，惻隱之心雖然是先天所本來具有，但如無後天的認識，並不知曉孺子若入於井將會遭遇危險，就不可能引發怵惕惻隱之心，可見此怵惕惻隱之心的引發已包涵後天的認知在內。進而言之，既有怵惕惻隱之心，如不及時採取適當的舉動以避免孺子之入於井，則孺子必然會遭遇危險，可見只有其心仍舊不足，必須還有進一步的行動，更顯示後天舉措的重要。

　　「四端」說在修養上的意義，既然可以歸納為兩點：第一點為修養成為可能提供依據，認定人人本來都具有善的開端、萌芽，此為先天者。第二點強調修養的關鍵在於自己，舉凡求與存養擴充的一切工夫皆有賴於自己本身，此為後天者。錢穆先生即就此而歸納說：

> 蓋孟子道性善，其實不外二義：啟迪吾人向上之自信，一也。鞭促吾人向上之努力，二也。故凡無向上之自信與向上之努力者，皆不足以與知孟子性善論之真意。[49]

言簡意賅，十分精準的掌握到孟子「四端」之說的要義。所謂「啟迪吾人向上之自信」，乃是對人性的肯定，係就先天而言；所謂「鞭促吾人向上之努力」，則為對人性的激勵，係就後天而言。我們探討孟子的性善說，必須明乎此義，才能掌握到孟子立論兼顧先天、後天的深切用心，一方面珍惜我們在先天所

---

[49] 錢穆著，錢賓四先生全集編輯委員會編《孟子要略・孟子之性善論》，台北：聯經出版事業公司《錢賓四先生全集》甲編第二冊《四書釋義》，1998 年 5 月初版，頁 252。

已經擁有者，另方面更要注重後天應該下的工夫，期使修養日益精進，完成人性之善以達到完滿的境地。

　　——原發表於 2017 年 9 月曲阜「第八屆世界儒學大會」，後被收錄於齊魯書社《孟子研究》第一輯，2018 年

陸、人際關係的和諧之道

——《尚書‧堯典》「五教」之所指及

吾人應有的認識

一、前　言

　　《尚書‧堯典》記載舜被眾人推薦給帝堯，在接受帝堯的
各種考驗後，能不負使命：敬慎的推動各種教化，人民都能接
受順從。讓他擔任各種職務，都能處理得有條不紊。讓他接待
各地來朝見的賓客，各地來朝者都肅然起敬。讓他主管山林，
進入山中茂密的樹林裡面，儘管雷電、風雨交加，卻能十分鎮
定的不會迷路。其言曰：

> 慎徽五典，五典克從。納于百揆，百揆時敘。賓于四門，
> 四門穆穆。納于大麓，烈風雷雨弗迷。[1]

因而深受帝堯的賞識信任，命其攝理天子之政。及至帝堯崩殂
之後，舜即被諸侯擁戴為帝，為因應治理天下的需要，開始設
官分職，而任命契擔任負責教化的司徒：

---

[1] 舊題孔安國傳，孔穎達疏《尚書正義》，臺北：藝文印書館影印嘉慶二十年
江西南昌府學開雕《重刊宋本尚書注疏附校勘記》，頁 34。

> 帝曰：「契，百姓不親，五品不遜，汝作司徒，敬敷五
> 教，在寬。」[2]

在以上兩則引文中，分別提到「五典」、「五品」、「五教」，其所指究竟為何？歷來有不同的解釋。經比較各種說法，筆者認為三個詞語密切相關，而以「五教」所指即為五倫之教，用來表示教化的要務，涵蓋面較廣，代表性也較強，而且明白曉暢，應屬最為適切。

兩千多年以來，五倫之教始終為國人所服膺重視，然則從近代開始，即陸續有人對之產生質疑，以為其義過於狹隘，不足以盡倫理之全部，不斷的提出新的倫理觀。說者紛紛，然而是否能掌握到五倫之教的真諦？對於倫理的維護是否真正有所助益？則頗令人懷疑。

本文即針對上述問題，首先探究「五教」的真正意涵，以為所指應為五倫之教。其次則檢視前人致疑於五倫之教者，列舉較有代表性的兩人，並概述其說法。最後闡述吾人對五倫之教應有的認識，並藉此對各種質疑加以澄清。用意乃在揭示五倫之教的真諦，期望大家能珍惜重視，並透過各種管道讓國人充分明曉，進而落實於日常生活當中，繼續發揮其作用。

二、「五教」之所指—五倫之教

對於《尚書・堯典》中的「五典」、「五品」、「五教」，歷來有兩種不同的說法。第一種說法屬於《尚書》注疏系統，

---

[2] 舊題孔安國傳，孔穎達疏《尚書正義》，同1，頁44。

孔安國傳於「慎徽五典，五典克從」下云：

> 五典，五常之教，父義、母慈、兄友、弟恭、子孝。[3]

於「五品不遜」下云：

> 五品，謂五常。[4]

於「敬敷五教」下云：

> 布五常之教。[5]

據此可見「五典」即「五教」，指父義、母慈、兄友、弟恭、子孝。至於「五品」，則孔穎達疏云：

> 品，謂品秩，一家之內尊卑之差，即父、母、兄、弟、子是也。教之義、慈、友、恭、孝，此事可常行，乃為五常耳。傳上云五典克從，即此五品能順。上傳以解五典為五常，又解此以同之，故云五品謂五常。其實五常據教為言，不據品也。[6]

可見「五品」乃是就品秩，即尊卑上下之等級而言，所指為父、母、兄、弟、子。「五典」與「五教」意涵相同，所指為此五種尊卑上下之等級所應遵循的常道，即父義、母慈、兄友、弟恭、子孝。

按此種「五教」之說，據孔穎達疏，係本於《左傳》，據

---

[3] 舊題孔安國傳，孔穎達疏《尚書正義》，同1，頁33。
[4] 舊題孔安國傳，孔穎達疏《尚書正義》，同1，頁44。
[5] 舊題孔安國傳，孔穎達疏《尚書正義》，同1，頁44。
[6] 舊題孔安國傳，孔穎達疏《尚書正義》，同1，頁44。

《左傳‧文公十八年》載云：

> （舜）舉八元，使布五教于四方，父義、母慈、兄友、
> 弟恭、子孝，內平外成。[7]

以上孔安國傳、孔穎達疏之說，為孫星衍《尚書今古文注
疏》所承繼，於「五典克從」下注云：

> 鄭康成曰：「五典，五教也。」[8]

疏云：

> 鄭注見《史記集解》。……五常之教，《春秋左氏》文，
> 〈十八年傳〉云：「父義、母慈、兄友、弟恭、子孝」。[9]

於「五品不遜，汝作司徒，敬敷五教，在寬」下注云：

> 馬融曰：「五品之教。」鄭康成曰：「五品，父、母、
> 兄、弟、子也。」[10]

疏云：

> 馬注見《史記集解》，鄭注同。……〈鄭語〉史伯曰：
> 「商契能合和五教，以保于百姓者也。」注云：「五教，

---

[7] 左丘明傳，杜預注，孔穎達疏《左傳正義》，臺北：藝文印書館影印嘉慶二
十年江西南昌府學開雕《重刊宋本左傳注疏附校勘記》，頁 353-354。

[8] 孫星衍註《尚書今古文注疏》，臺北：廣文書局 1975 年元月 3 版，頁 23-24。

[9] 孫星衍註《尚書今古文注疏》，同 8，頁 24。按「鄭注見《史記集解》」者，
《史記‧五帝本紀》裴駰集解：「鄭玄曰：『五典，五教也。』」臺北：藝文
印書館影印乾隆武英殿《史記》刊本，頁 33。

[10] 孫星衍註《尚書今古文注疏》，同 8，頁 48。

　　謂父義、母慈、兄友、弟恭、子孝也。」[11]

綜合以上所引，包括《左傳·文公十八年》、漢代之孔安國、
馬融、鄭玄，《國語》三國吳韋昭注、《史記》南朝宋裴駰集
解、唐孔穎達，以至清朝的孫星衍等人，皆以為「五教」指父
義、母慈、兄友、弟恭、子孝。

　　「五典」、「五品」、「五教」的第二種說法，見於蔡沈
《書經集傳》，於「慎徽五典，五典克從」下云：

　　五典，五常也，父子有親，君臣有義，夫婦有別，長幼
　　有序，朋友有信是也。[12]

於「五品不遜」下云：

　　五品，父子、君臣、夫婦、長幼、朋友，五者之名位等
　　級也。[13]

於「敬敷五教」下云：

　　五教，父子有親，君臣有義，夫婦有別，長幼有序，朋
　　友有信，以五者當然之理，而為教令也。[14]

其所謂「五品」同樣是就尊卑上下之名位品級而言，但所指為

---

[11] 孫星衍註《尚書今古文注疏》，同8，頁48。按「馬注見《史記集解》，鄭
　　注同」者，《史記·五帝本紀》裴駰集解：「鄭玄曰：『五品，父、母、兄、
　　弟、子也。』」又：「馬融曰：『五品之教。』」同9，頁38。又按「〈鄭
　　語〉史伯曰云云」者，《國語·鄭語》：「商契能和合五教，以保于百姓者
　　也。」韋昭注：「五教：父義、母慈、兄友、弟恭、子孝。」臺北：九思出
　　版社1978年11月台1版，頁511-512。
[12] 蔡沈撰《書經集傳》，臺北：世界書局2015年3月1版9刷，頁4。
[13] 蔡沈撰《書經集傳》，同12，頁8。
[14] 蔡沈撰《書經集傳》，同12，頁8。

父子、君臣、夫婦、長幼、朋友。「五典」的意涵也是與「五教」相同，但所指為父子有親，君臣有義，夫婦有別，長幼有序，朋友有信。亦即其所謂的「五品」、「五典」與「五教」，所指皆與第一種說法有別。

按蔡沈之說乃是本於《孟子》，《孟子・滕文公上》云：

> 人之有道也，飽食，煖衣，逸居而無教，則近於禽獸。聖人有憂之，使契為司徒，教以人倫：父子有親，君臣有義，夫婦有別，長幼有序，朋友有信。[15]

所謂「使契為司徒」者，顯然是就〈堯典〉所載設官分職，使契「敬敷五教」之事所作的解說。

除《孟子》以外，蔡沈又依據了《中庸》及其師朱熹之說。《中庸》云：

> 天下之達道五，……曰君臣也，父子也，夫婦也，昆弟也，朋友之交也，五者天下之達道也。[16]

朱熹《中庸章句》云：

> 達道者，天下古今所共由之路，即《書》所謂五典，《孟子》所謂「父子有親，君臣有義，夫婦有別，長幼有序，朋友有信」是也。[17]

---

[15] 朱熹著《孟子集注・滕文公上》，臺北：大安出版社《四書章句集注》，2005年8月第1版第5刷，頁360-361。
[16] 朱熹著《中庸章句・第二十章》，臺北：大安出版社《四書章句集注》，2005年8月第1版第5刷，頁37。
[17] 朱熹著《中庸章句・第二十章》，同16，頁39。

另朱熹〈白鹿洞書院學規〉[18]一開頭即云：

> 父子有親，君臣有義，夫婦有別，長幼有序，朋友有信。
> 右五教之目，堯、舜使契為司徒，敬敷五教，即此是也。
> 學者學此而已。[19]

不僅明白指稱《尚書・堯典》所載「堯、舜使契為司徒，敬敷五教」者，即為父子有親，君臣有義，夫婦有別，長幼有序，朋友有信，並謂「學者學此而已」，將此五者定為教學的唯一目標。

　　以上兩種說法皆以為「五典」即「五教」，「五品」則指五種品秩等級。但第一種說法將「五教」定為父義、母慈、兄友、弟恭、子孝；第二種說法將「五教」定為父子有親，君臣有義，夫婦有別，長幼有序，朋友有信。兩種說法都在解說《尚書・堯典》的文句，也都有其依據，究以何者較為適切？試分析如下：

　　一為第一種說法所述人倫局限於家庭之內，第二種說法則以家庭為主，並由家庭推展及於社會、國家，層面較為廣泛。

　　二為第一種說法較不易看出人倫的相對應關係，所謂父義、母慈皆針對子而言，子孝則針對父、母而言；兄友、弟恭則以兄針對弟，弟針對兄而言；彼此的對應關係並非十分嚴整。

---

[18] 「學規」原作「揭示」，揭之楣間以示諸生。後亦有作「教條」或「學規」者，一般多作「學規」，此據朱熹著，陳俊民校訂《朱子文集》作「學規」。臺北：財團法人德富文教基金會，2000 年 2 月初版，頁 3730。

[19] 朱熹著，陳俊民校訂《朱子文集》，同 18，頁 3730-3731。按原文為直排，故稱「右五教之目」，現改為橫排，理解時宜改稱「上五教之目」。

第二種說法中的父子、君臣、夫婦、長幼、朋友，則父針對子，子針對父；君針對臣，臣針對君；夫針對妻，妻針對夫；長針對幼，幼針對長；朋友互相對待；彼此的對應關係相當嚴整。

三為在傳統的習慣上，皆以父涵括母，以兄弟涵括姊妹，以子涵括女，第一種說法將父、母分開論述，雖然並無不可，但為何兄弟與姊妹、子與女則不分開論述，卻又將兄、弟分開論述？

四為第一種說法最早出於《左傳·文公十八年》，但《左傳》云：「（舜）舉八元，使布五教于四方。」則布五教者為八元。第二種說法最早出於《孟子·滕文公上》，明言布五教者為契，與《尚書·堯典》之說完全相符，可信度較高。

五為後世論及人倫關係者，少有採納第一種說法者，絕大多數的人皆依從第二種說法。

綜上所言，筆者以為《尚書·堯典》之「五教」所指應為五倫之教，即父子有親，君臣有義，夫婦有別，長幼有序，朋友有信是也。[20]

---

[20] 五倫的次序，主要有四種：①《周易·序卦》：「有天地，然後有萬物；有萬物，然後有男女；有男女，然後有夫婦；有夫婦，然後有父子；有父子，然後有君臣；有君臣，然後有上下；有上下，然後禮義有所錯。」王弼、韓康伯注，孔穎達疏《周易正義》，臺北：藝文印書館影印嘉慶二十年江西南昌府學開雕《重刊宋本周易注疏附校勘記》，頁187-188。又《禮記·昏義》：「男女有別，而后夫婦有義；夫婦有義，而后父子有親；父子有親，而后君臣有正。」戴德編，鄭玄注，孔穎達疏《禮記正義》，臺北：藝文印書館影印嘉慶二十年江西南昌府學開雕《重刊宋本禮記注疏附校勘記》，頁1000。據此，其序為夫婦、父子、（兄弟）、（朋友）、君臣。此以自然發生之先後為序。②《孟子·滕文公上》：「父子有親，君臣有義，夫婦有別，長幼有序，朋友有信。」同15，頁360。據此，其序為父子、君臣、夫婦、長幼、

三、對五倫之教的檢討

自《尚書・堯典》提出「五教」之說以來，五倫之教始終為國人所服膺遵循，在歷史上也確實發揮了促進人際關係的良好互動，使社會祥和的功效。不料近代以來，隨著國勢的日漸陵夷，民族自信心大失，以為傳統文化皆屬糟粕，鄙而棄之惟恐不及，五倫之教因而大受排斥，被認為乃是一種吃人的禮教，必欲去之而後快，少有能平心靜氣以審視之者。

在此一面倒的撻伐聲中，頗為難得的是，仍然有少數人對五倫之教抱持肯定的態度，只不過在肯定之餘，也對五倫之教提出批評。以下即就所知，舉出較具有代表性的賀麟[21]、李國鼎[22]兩位先生之說如下：

（一）賀麟〈五倫觀念的新檢討〉[23]

此文寫於對日抗戰，作者任教於昆明西南聯合大學時期。

朋友。已可見父權、君權之提升，但仍以父權居上。③《中庸》：「曰君臣也，父子也，夫婦也，昆弟也，朋友之交也。」同 16，頁 37。據此，其序為君臣、父子、夫婦、昆弟、朋友。至此君權已凌駕於父權之上矣。④《荀子・王制》：「君臣、父子、兄弟、夫婦，始則終，終則始，與天地同理，與萬世同久。」楊倞注，王先謙集解《荀子集解》，臺北：世界書局《新編諸子集成》第二冊，1972 年 10 月新 1 版，頁 104。據此，其序為君臣、父子、兄弟、夫婦、（朋友）。則夫婦已退居兄弟之後了。

[21] 賀麟（1902-1992），字自昭，四川省金堂縣人。畢業於清華大學，曾留學美國、德國，先後任職於北京大學哲學系、中國社會科學院哲學所。為現代新儒家早期代表人物之一。

[22] 李國鼎（1910-2001），安徽省婺源縣人，出生於南京市。畢業於中央大學，留學英國，對日抗戰爆發後，毅然放棄學業返國，先後任職於武漢大學物理系、中央研究院天文研究所。後奉派來台，曾任經濟部長、財政部長。

[23] 賀自昭著《文化與人生》，臺北：地平線出版社 1973 年 10 月初版，頁 13-22。以下多則引文皆出於該文。

其文首先肯定五倫的作用，曰：

> 五倫的觀念是幾千年來支配了我們中國人的道德生活的最有力量的傳統觀念之一。它是我們禮教的核心，它是維繫中華民族的群體的綱紀。

接著表明他的態度是：

> 我們要分析五倫觀念的本質，尋出其本身具有的意義，而指出其本質上的優點與缺點。……我們批評五倫觀念時，第一乃是只根據其本質，加以批評，而不從表面或枝節處立論。……第二，我們不從實用的觀點去批評五倫之說，不把中國之衰亡不進步歸罪於五倫觀念，因而反對之；亦不把民族之興盛之發展，歸功於五倫觀念，因而贊成之。……第三，不能謂實現五倫之觀念之方法不好，而謂五倫觀念本身不好，不能謂實行五倫觀念之許多禮節儀文須改變，而謂五倫觀念本身須改變。這就是不能因噎廢食，因末流之弊而廢棄本源的意思。第四，不能以經濟狀況生產方式的變遷，作為推翻五倫說的根據。

所指雖然共有四點，但第二點為「不從……」，第三點為「不能謂……」，第四點為「不能以……」，故作者實際上僅就第一點「只根據其本質」加以考察，認為五倫觀念包含有下列四層要義：

①賀麟強調「五倫說特別注重人，而不注重天（神）與物（自然），特別注重人與人的關係，而不十分注重人與神及人與

自然的關係。」「在種種價值中，五倫說特別注重道德價值，而不甚注重宗教，藝術，科學的價值。」所以他主張「我們不妨循著注重人倫和道德價值的方向邁進，但不要忽略了宗教價值，科學價值，而偏重狹義的道德價值，不要忽略了天（神）與物（自然）而偏重狹義的人。」

②賀麟指出「五倫觀念認為人倫乃是常道，人與人間這五種關係，乃是人生正常永久的關係。」「五倫說反對人脫離家庭、社會、國家的生活，反對人出世。」但他認為「這種偏重五常倫的思想一經信條化，制度化，發生強制的作用，便損害個人的自由與獨立。而且把這五常的關係看得太狹隘了，太僵化了，太機械了，不唯不能發生道德政治方面的社會功能，而且大有損害於非人倫的超社會的種種文化價值。」

③賀麟發現「就實踐五倫觀念言，須以等差之愛為準。故五倫觀念中實包含有等差之愛的意義在內。『泛愛眾而親仁』，『親親，仁民，愛物』，就是等差之愛的典型的解釋。」因而對此甚表肯定，「就五倫觀念所包含的各種意義中，似乎以等差之愛的說法，最少弊病，就是新文化運動時期以打倒孔家店相號召的新思想家，似乎也沒有人攻擊等差之愛的說法。」

④賀麟認定「五倫觀念之最基本意義為三綱說，五倫觀念之最高最後的發展，也是三綱說。而且五倫觀念在中國禮教中權威之大，影響之大，支配道德生活之普遍與深刻，亦以三綱說為最。三綱說實為五倫觀念之核心，離開三綱而言五倫，則五倫只是將人與人的關係，方便分為五種，比較注重人

生，社會，和等差之愛的倫理學說，並無傳統或正統禮教之權威性與束縛性。」

以上撮舉賀麟原文，以見其說的大要。從中可以看出他對五倫已有相當程度的認識，但似乎也有些頗為嚴重的誤解。對此，本文將於下一節中對其見解，提出筆者的看法加以澄清。

（二）李國鼎的第六倫說

1981 年 3 月 15 日，李國鼎應中國社會學社之邀，以「民國七十年代社會學者面臨的挑戰」為題，分析臺灣三十年來因經濟發展，已使傳統「五倫」的道德規範，在工業社會中遭遇到種種困難，因而提出「第六倫」之說，作為新的道德準繩，期使素昧平生的第三者，能同居於被善意關懷和關愛的地位。

同年 3 月 28 日，李國鼎又發表〈經濟發展與倫理建設—第六倫的倡立與國家現代化〉專文，[24] 將其構想更完整的陳述。

該文在對提出其構想的背景作了說明之後，李國鼎表明他要提出第六倫的原因，乃是在於「儘管我們是一個文明古國，禮義之邦，一向重視倫理，然而我們對於個人與陌生社會大眾之間的關係，則缺乏適當的規範。」「因此，我們需要在傳統的五倫之外，再建立第六倫。」接著指出「甚麼是第六倫？第六倫就是個人與社會大眾的關係，也就是……群己關係。」

為此，他將第六倫與五倫分為行為準則、利弊表現、道德範疇、社會背景四個方面，加以比較：

---

24 臺北：《聯合報》3 月 28 日第二版。以下多則引文皆出自該文。

①「五倫的行為準則屬於特殊主義（particularism），即僅適用於特殊對象的準則，例如父慈子孝只適用於父母子女之間。第六倫的行為準則屬於所謂一般主義（universalism），即大家都適用同樣的準則。」

②「故以五倫為特色的人際關係所表現的優點為親切、關懷，缺點則是偏私、髒亂。以第六倫為特色的人際關係的優點是公正、秩序，缺點則是冷漠、疏遠。」

③「五倫屬於私德的範圍，第六倫屬於公德的範圍。」

④「五倫的社會文化背景是經濟活動和社會結構簡單的傳統社會，第六倫的社會文化背景則是經濟活動和社會結構複雜的現代社會。」

　　由於李國鼎在臺灣曾擔任過經濟部長、財政部長，對於台灣產業的轉型、經濟的發展，貢獻很大，所以他的講詞及專文分別見報以後，立即引起了很大的迴響，表示支持者有之，根據其說推衍者有之，但也有提出批評者，基本上都顯現了大家對倫理的重視。其後曾任輔仁大學校長的李震神父發表了〈論精神汙染與道德建設〉，[25]在肯定第六倫之餘，認為第六倫忽略了人與天（神）的關係，因而主張於第六倫之外還須建立第七倫。繼李震神父之後，又有人提出第八倫、第九倫、第十倫、……，到最後，總共出現了二十幾倫，[26]反倒模糊了焦點，不如第六倫說受到比較普遍的重視。

---

[25] 臺北：《益世雜誌》第八期，1981 年 5 月。
[26] 在 1981 年，大陸因文革結束不久，且兩岸訊息亦不甚暢通，並未見有人加以響應。但隨著改革開放日久，對傳統文化的日益重視，近年以來已有人據其所見提出新的倫理觀。

對於李國鼎提倡的第六倫說，以至之後諸人陸續提出的第七倫、……等說，是否可以成立，本文也將於下一節中，提出筆者的看法，與賀麟之說合併討論並澄清。

四、對五倫之教應有的認識

由上舉賀麟、李國鼎兩位先生的檢討，可見他們對五倫之教雖然有所肯定，但也都認為五倫之教尚存有不足之處，因而試圖補充以求彌縫。然則五倫之教是否確實有所不足，而有待補充彌縫？似有很大的商榷餘地。其實只要建立對五倫之教的正確認識，則上述的疑惑即可不辨自明。以下謹就所知提供四點看法，以助大家建立正確的認識。

（一）五倫之教並非解決所有倫理問題的萬靈丹

按五倫之「倫」字的意義，《說文解字》云：「倫，輩也。從人侖聲。一曰道也。」[27]段玉裁注曰：「軍發車百兩為輩，引伸之，同類之次曰輩。……鄭注〈曲禮〉、〈樂記〉曰：『倫猶類也。』注〈既夕〉曰：『比也。』注〈中庸〉曰：『猶比也。』……〈小雅〉『有倫有脊』，傳曰：『倫，道。脊，理。』《論語》『言中倫也』，包注：『倫，道也，理也。』按粗言之曰道，精言之曰理，凡注家訓倫為理者，皆與訓道者無二。」[28]以軍隊發車百兩（輛）作為比喻，稱同類（軍車百輛）排比（排列）時有其次序條理為輩，故倫有條理之意；又理即道，

---

[27] 許慎撰，段玉裁注《說文解字注》，臺北：黎明文化事業公司 1978 年 11 月 4 版，頁 376。

[28] 許慎撰，段玉裁注《說文解字注》，同 27，頁 376。

故倫有道理之意。另倫字從人侖聲，從人，表示其意與人有關。
侖為聲符，《說文解字》云：「侖，思也。从亼从冊。」[29]段
玉裁注曰：「思與理義同也，……凡人之思必依其理，倫、論
字皆以侖會意。聚集簡冊，必依其次第，求其文理。」[30]依形
聲多兼會意的原則，侖字也有條理之意。綜上所述，「倫」字
與人相關，又有其次序條理，意指人同居共處時應有的次第，
共同遵循的道理。

倫之所指既然是人同居共處時應有的次第，共同遵循的道
理，則五倫所講求者乃是人際關係的和諧，誠如賀麟所說「五
倫說特別注重人，而不注重天（神）與物（自然），特別注重
人與人的關係，而不十分注重人與神及人與自然的關係。」[31]超
過此人際關係者，如李震所講人與天（神）關係的第七倫，或
趙耀東所講的勞資倫理、消費者倫理、科技倫理（尊重智慧財
產權）及環境倫理（公害防治）等，[32]以至近年大陸學者所提
的網路倫理、邦交倫理等……，皆非五倫之教所講求者。固然
上舉的各種倫理，都值得我們重視講求，但並不在五倫之教所
著重的人際關係上面，應該別求解決之道，而不能視五倫之教
為解決所有倫理問題的萬靈丹，而於發現某種倫理一旦有所欠

---

[29] 許慎撰，段玉裁注《說文解字注》，同 27，頁 225。
[30] 許慎撰，段玉裁注《說文解字注》，同 27，頁 225。
[31] 見賀自昭著《文化與人生》，同 23。
[32] 曾在臺灣擔任經濟部長的趙耀東，於 1985 年 11 月 30 日，應邀在《工商時
報》成立七周年的系列演講中，以「在轉捩點上贏的策略」為題，發表演講，
主張建立所舉四種倫理。臺北：《中國時報》1985 年 12 月 1 日第二版。按
依以上所述「倫」字的意義，嚴格而論，李震所講的第七倫、趙耀東及近年
大陸學者所舉各種倫理，似皆不宜稱為倫理，因並非屬於人際關係也。但由
於皆與人有關，姑且按照提出者之意，仍然稱為倫理。

缺或產生問題時，即歸咎於五倫之教。

（二）不能以曾發生流弊認定五倫之教有偏失

人類所營者為群居的生活，人際關係是否和諧，對於群體的發展影響至為重大，是故每個朝代無不重視五倫之教。但重視是一回事，是否能掌握其精神，以及如何推動又是一回事，如果對五倫之教的認識欠正確，或推動五倫之教的方式有偏差，就很容易造成各種流弊。有了流弊即要探討造成的原因，並且設法補偏救弊，而不是反過來怪罪於本源，以為五倫之教一開始即有偏失。

按五倫之教所講求的人際關係，不論是父子、君臣的上下關係，或者是夫婦、長幼、朋友的平輩關係，都是相互的對待，絕無一方面對另方面作片面要求之意。故父慈而子孝，君使臣以禮而臣事君以忠，夫婦各有其分際職責，兄友而弟恭，朋友皆以誠信相交。是就五倫的本質而言，實建立在雙方面互相尊重的基礎之上而無偏頗失衡。

就歷史發展的事實而言，五倫之教確實曾造成不少的流弊，但事出有因，不能謂此乃五倫之教必然的發展。其實賀麟在檢討五倫時，曾提到其所持的態度有四點，其中第三點為「不能謂實現五倫之觀念之方法不好，而謂五倫觀念本身不好，不能謂實行五倫觀念之許多禮節儀文須改變，而謂五倫觀念本身須改變。這就是不能因噎廢食，因末流之弊而廢棄本源的意思。」以這樣的標準來看，賀麟所講五倫觀念的四層要義中，第二層所指「這種偏重五常倫的思想一經信條化，制度化，發生強制的作用，便損害個人的自由與獨立。而且把這五常的關係看得太狹隘了，太僵死了，太機械了，不唯不能發生道德政治方面

的社會功能，而且大有損害於非人倫的超社會的種種文化價值。」第四層為「五倫觀念之最基本意義為三綱說，五倫觀念之最高最後的發展，也是三綱說。而且五倫觀念在中國禮教中權威之大，亦以三綱說為最。」[33]將五倫之教流為信條化、制度化，發生強制的作用；以及五倫觀念發展為絕對的關係，只作片面的要求的三綱說；歸為五倫觀念的要義。其實與其「不能因噎廢食，因末流之弊而廢棄本源」的態度，是自相矛盾而不能成立的。至於李國鼎所說以五倫為特色的人際關係，「缺點則是偏私、髒亂」，以及「五倫屬於私德的範圍」。同樣是以偏概全，以末流之弊而廢棄本源，也是不能成立的。[34]

（三）五倫之教的五倫乃列舉，既屬列舉即可類推

人際關係十分複雜，難以殫舉，五倫其實乃是舉其比較普遍者作為代表，並非僅是此五倫而已。以家庭為例，除卻父（母）子（女）、夫婦、長幼（兄弟姊妹）關係以外，還有諸如伯叔

---

[33] 賀麟認為由五倫說發展為三綱說，有其邏輯的必然性，因為五倫說「這些人倫關係，都是相對的，無常的，如此則人倫的關係，社會的基礎，仍不穩定，變亂隨時可以發生。故三綱說要補救相對關係的不安定，進而要求關係者一方絕對遵守其位分，實行片面的愛，履行片面的義務。」見同 23。如其所言，豈非所有相對的關係，最後必然發展為絕對的關係，人們最後將不會有相互尊重、平等對待之事？按五倫說之所以演變成為三綱說，係受法家、陰陽家思想的影響而來，並非五倫說的必然發展。但此非本文探討的重點，故在此不進而申論。又按賀麟第二層要義所指的「信條化，制度化，發生強制的作用」、「把五常的關係看得太狹隘了，太僵死了，太機械了」，都是因為他認為五倫說必定發展為三綱說的錯誤看法所造成。按任何一種學說，一旦「信條化、制度化，發生強制的做用」，或把它「看得太狹隘了，太僵死了，太機械了」，必然會發生流弊，但不能據此而認為該學說一開始即有偏失。

[34] 李國鼎並未說明以五倫為特色的人際關係，與「偏私、髒亂」的缺點有何必然的關聯。以其所持的立場觀之，則他認為以第六倫為特色的人際關係，「缺點則是冷漠、疏遠」，是否確實？固然有待商榷。然而既有其缺點，如果因有流弊而廢棄本源，豈不是根本就不能提倡第六倫？

子侄（女）、叔嫂、妯娌、堂兄弟（姊妹）……等各種關係，可謂繁不勝舉，但都可以類比為父子、夫婦、長幼關係，亦即五倫所述的五種關係，乃是列舉。既然是列舉，當然可以類比而推展其範疇。

舉例而言，傳統社會對於師生關係一向極為重視，五倫之中並無師生之倫，如師生的年齡相去較多，則可依「一日為師，終生為父」的原則，類比為父子之倫；或者因「聞道有先後，術業有專攻」，師生的年齡相距不大，則可依「亦師亦友」的原則，類比為長幼之倫或朋友之倫。如不以此類推，豈非就會誤以為傳統文化並不重視師生的倫理？

對於五倫另有一種錯誤的理解，以為五倫中的任何一倫都是「一對一」的關係，所以五倫所維繫者為私人的道德。[35]李國鼎認為五倫是屬於私德的範圍，原因可能即在於此。其實除夫婦之倫以外，傳統社會因生育率高，所以父（母）對子（女）、長幼（兄弟姊妹）之間都屬「一對多」的關係。更何況除家庭倫理以外，五倫還包括社會倫理、國家倫理，則在社會上的朋友之間，在國家內的君對臣（可擴展類比為主管對部屬）之主從關係，也都是「一對多」的關係。因此五倫就不是純然屬於私德的範疇了。

---

[35] 李國鼎提出第六倫之說以後，引起很大的迴響，吳惑（曾任台灣大學校長、國防部長的孫震先生之筆名）曾發表〈群己關係—為第六倫命名〉，建議將第六倫稱為群己之倫，並指出五倫關係為「一對一」的關係。臺北：《聯合報》1981 年 3 月 18 日第二版。另韋政通《倫理思想的突破》也說：「由於傳統倫理是以家庭為中心的，因此倫理關係限於一對一的關係，道德的實踐也是一對一的，對父母要盡孝，對國君要盡忠，夫婦要相敬，朋友要守信，……所以這些規範只是『維繫著私人的道德』。」臺北：水牛圖書出版事業有限公司 1990 年 8 月再版，頁 8。

　　五倫既然是可以「一對多」的關係，也並非純屬私德的範疇，則個人（己、一）與團體（群、多）的關係也可以包涵在內，則所謂第六倫的群己之倫，其實也可以由五倫類推而得。[36]

（四）五倫之教合乎情理，重在化民成俗

　　五倫作為各種人際關係所應遵循之道的代表，其中父子、夫婦、長幼三倫屬於家庭倫理，由此而向外推展到社會而有朋友之倫，更推展到國家而有君臣之倫，所注重的即為「推」字，因此在處理各種人倫關係中，最強調推己及人。蓋人與人之間的關係，有親疏遠近之分，為促進人際關係的順利推展，在實踐之時必須由近及遠，由親而疏，循序漸進，絕對不可躐等，所謂「老吾老以及人之老，幼吾幼以及人之幼」，即是這種道理的顯現。

　　此種逐步擴展的推愛方式，亦即因人情之親疏遠近而有厚薄輕重的等差之分，其實最合乎人情事理。賀麟就明白指出「五倫觀念中實已包含有等差之愛的意義在內。」「儒家對人的態度大都很合理，很近人情，很平正，而不流於狂誕（Fanatic）。」[37]而且發現儘管在新文化運動時期，以打倒孔家店相號召的人，也沒有攻擊等差之愛者。就是因為這種推愛的方式合乎人情事理，所以才容易踐行而發揮其功效。

---

[36] 李國鼎有感於「我們對於個人與陌生社會大眾之間的關係，則缺乏適當的規範，」因而提出第六倫之說，「期使素昧平生的第三者，能同居於被善意關懷和關愛的地位。」用心頗為可取，但他又認為「以第六倫為特色的人際關係……缺點則是冷漠、疏遠。」既有冷漠、疏遠的缺點，則想要達成他所期望的目標，豈非自相矛盾？我們非常認同對陌生人要善加關懷照顧，但此等作為與五倫的意涵，以及是否提倡第六倫並無必然的關聯。

[37] 賀自昭著《文化與人生》，同 23。

　　按《尚書・堯典》記述舜任命契為司徒時，說：「契，百姓不親，五品不遜，汝作司徒，敬敷五教，在寬。」可見五倫之教所重乃在化除「百姓不親，五品不遜」的疏離現象，所以必須以寬宏的胸懷敷布五倫之教。其用意即在於以盈科而後進，寬厚包容的心態，來教化百性，逐步形成良風美俗，使尊卑上下的各種等級，都能謹守其分際而各安其位，社會群體也就可以維持和諧的關係，以健全發展了。

五、結　語

　　《尚書・堯典》記載帝舜為使百姓相親睦，尊卑上下各等級皆有其順序，乃任命契擔任司徒以敬敷五教。但五教所指為何？歷來有不同的說法，本文於列舉《尚書》主要注家的兩種不同說法之後，並詳加分析比較，認為應以蔡沈《書經集傳》所主張的「父子有親，君臣有義，夫婦有別，長幼有序，朋友有信」此五倫之教為確詁。

　　五倫之教自提出以後即為歷朝歷代所遵奉，對於人際關係的和諧確實發揮了很大的作用。不料近代以來，在民族自信心逐步喪失以後就迭遭批評。難得的是仍有肯定其功效，但也提出檢討者，本文即以賀麟、李國鼎為例，介紹其看法，以見對五倫之教質疑的一斑。

　　為了回應質疑，本文以兩破（破除誤解）：（一）、五倫之教並非解決所有倫理問題的萬靈丹。（二）、不能以曾發生流弊認定五倫之教有偏失。以及兩立（建立正確的認識）：（三）、五倫之教的五倫乃列舉，既屬列舉即可類推。（四）、五倫之

教合乎情理，重在化民成俗。期望有助於大家對五倫之教正面
看待，進而珍視此可貴的民族文化遺產，努力推行，以守分樂
群，敦本善俗。

　　—原發表於 2015 年 9 月曲阜「第七屆世界儒學大會」，後被
　　收錄於《第七屆世界儒學大會學術論文集》，北京：文化
　　藝術出版社，2016 年 12 月第 1 版

柒、《尚書・洪範》中與
「國民幸福指數」相關的
概念——「五福」

一、前　言

　　每隔一段時間，新聞媒體就會報導與「國民幸福指數」相關的訊息，或者是某個國家或某個執政者，將國民幸福水準列為施政的重要目標；或者是某個學術團體對全球各國進行國民幸福感調查並加以排名；或者是某位學者提出對國民幸福指數的相關研究；……林林總總，不一而足，「國民幸福指數」儼然已經成為當代的顯學。

　　按所謂「國民幸福指數」最早是由不丹王國的前國王吉格梅・旺楚克（Jigme Singye Wangchuck），於 1972 年提出，他認為長久以來世人習於以「國民平均所得」或「國民生產毛額」之類的指數，來評估某一個國家、地區的生活水準或經濟發展階段，但這類指數與國民主觀的幸福感以及居民的生活品質，並不見得有絕對的關係。

　　為扭轉既有的看法，旺楚克乃提出「國民幸福指數」的概

念，並以「環境和資源保護」、「公平和可持續的經濟發展」、「傳統文化的保留」、「優良的治理制度」四項為支柱，再將之細化為「心理幸福」、「生態」、「衛生」、「教育」、「文化」、「生活標準」、「時間使用」、「社區活力」、「良好的管理狀態」九大區域，每大區域又有相應的指數標準，據此而開發出七十二個幸福指標。比如「心理幸福」區域，就包括了人們祈禱的頻率、冥思、自私自利、嫉妒、鎮靜、同情、大方、挫折及自殺念頭等。每隔兩年，不丹政府都會對這些指標進行評估修正，以期與實際情況保持一致。

　　依據最初所訂定的指標，不丹的國民幸福指數高達百分之九十七，亦即有百分之九十七的人民感到幸福，一時之間成為萬國列邦稱羨的對象。不少國家也紛紛依各自的國情民俗制訂幸福指標，並將國民幸福水準列入官方統計。如日本即於 2011 年底公布「國民幸福指數試行方案」，準備依據「經濟社會狀況」、「身心健康」、「家庭與社會關聯性」三大方向，分十一個領域及一百三十二項指標（包括工作滿意度、貧困率、自殺率、育嬰環境、有薪假期、國民內心的幸福感……等等）調查出來的數據，推估國民幸福總值。

　　對於當初旺楚克所提出不能純以「國民平均所得」或「國民生產毛額」作為評估生活水準的依據，也應關注非物質層面的生活品質問題等，筆者深表贊同。但對於不丹政府調查其國民幸福指數竟高達百分之九十七，對其調查的指標及調查結果的可靠性，卻深感懷疑。腦海中甚至於浮出了兩個成語：「夜郎自大」、「野人獻曝」。按夜郎之所以自大，乃是認為自己

很優秀，所以才會妄自尊大，其實是處在一個封閉的系統內。野人之所以認為向君王獻曬太陽的計策乃是一個很了不得的計策，所以才會自以為得計，其實是處於一個無知或所知有限的狀態。實際上兩者是密切相關的，因封閉而無知或所知有限，也因無知或所知有限而封閉，彼此互為因果。

果然不出筆者所料，在全球化的衝擊下，不丹人民在逐漸開放之後，其生活方式與價值觀已開始轉變，根據 2012 年 5 月 19 日《聯合報》頭版報導，不丹總理曾公開感嘆，不丹國民已逐漸背離傳統價值觀，重視物質享受帶來的欲望上升，使國民幸福感的認知出現偏差，其國民幸福指數，根據去年的調查，已降到百分之四十一。不丹總理並且指出：「我們闢建道路把服務帶進村莊，然而村民反而藉此離去；有些人寧願在城市邊緣搭棚居住，形成貧民窟。」為此不丹政府正大力提倡鄉村生活的認同，盼能遏止鄉村人口的外移，重建昔日的淨土。但依筆者的判斷，大勢所趨，恐怕已難以挽回。

從上舉不丹所訂七十二個幸福指標，以及日本所訂一百三十二個指標，可以看出因國俗民情的不同，所謂國民幸福指數實很難有其共同的標準，因此某些調查報告所作的排名，即難免受到很大的質疑，其可信度也就會大打折扣了。

本文寫作的目的並不在於為「國民幸福指數」訂定指標，而是認為「國民幸福指數」既然已經成為顯學，而國民的幸福確實也是人類社會所應追求的目標。就儒家的思想而言，為生民謀福利為其無可旁貸之責，則在儒家的典籍應該也涵有可以

作為我們訂定指標的參考成份在。經筆者考察，發現《尚書‧洪範》中的「五福」概念，雖然不能直接拿來作為指標，但其所蘊涵的概念其實可以作為訂定指標的重要參考值，故以下即先就「五福」的內涵加以探究，進而對如何落實「五福」提供淺見，顯現從古典中也可發掘合乎時代需求的新義。

二、《尚書‧洪範》中的「五福」及其內涵

根據《尚書‧洪範》記載，周武王於平定天下以後，拜訪商朝遺臣箕子，向他請教治國平天下的至理要道。箕子感其誠意，乃向武王陳述九項治理天下國家的大法則，武王接納其說，封賜諸侯，以治國理民，使上下尊卑各有等份，天下因而獲得安定太平。此九項治理天下國家的大法則，即〈洪範〉「九疇」：

> 初一曰五行，次二曰敬用五事，次三曰農用八政，次四曰協用五紀，次五曰建用皇極，次六曰乂用三德，次七曰明用稽疑，次八曰念用庶徵，次九曰嚮用五福，威用六極。[1]

其第九疇為「嚮用五福，威用六極」，孔安國傳對此解釋道：

> 言天所以嚮勸人用五福，所以威沮人用六極。[2]

孔穎達疏曰：

> 福者人之所慕，皆嚮望之。極者人之所惡，皆畏懼之。

---

[1] 舊題孔安國傳，孔穎達疏《尚書注疏》，臺北：藝文印書館影印嘉慶二十年江西南昌府學開雕《重刊宋本尚書注疏附校勘記》，頁168。

[2] 舊題孔安國傳，孔穎達疏《尚書注疏》，同1，頁168。

　　勸，勉也，勉之為善。沮，止也，止其為惡。[3]

蔡沈《尚書集傳》曰：

　　五福曰嚮，所以勸也。六極曰威，所以懲也。[4]

孫星衍《尚書今古文注疏》曰：

　　〈五行志〉注：「應劭曰：『天所以嚮樂人用五福，所以畏懼人用六極。』」案嚮，俗字，當為「饗」。《漢書‧谷永傳》永對曰：「經曰：『饗用五福，畏用六極。』」史公「威」作「畏」者，《釋名》云：「威，畏也。可畏也」[5]

以上各《尚書》的重要注家所解，大抵皆認為五福是用來勸勉人為善，六極則是在使人有所畏懼以懲戒人為惡。[6]

　　「嚮用五福，威用六極」中，與本文相關的「五福」，其確實內涵為何？《尚書‧洪範》曰：

　　五福，一曰壽，二曰富，三曰康寧，四曰攸好德，五曰考終命。[7]

---

[3] 舊題孔安國傳，孔穎達疏《尚疏注疏》，同1，頁168~169。

[4] 蔡沈撰《尚書集傳》，臺北：世界書局，2015年3月1版9刷，頁75。

[5] 孫星衍撰《尚書今古文注疏》，臺北：文津出版社，1987年9月，頁295~296。按所謂「史公『威』作『畏』者」，指司馬遷《史記‧宋微子世家》作「九曰嚮用五福，畏用六極。」

[6] 各家所釋，大旨相同，惟對於「嚮用五福」中的「嚮」字，孔穎達曰：「福者人之所慕，皆嚮往之。」孫星衍曰：「天所以嚮樂人用五福。」又曰：「嚮俗字，當為饗。」孔穎達以「嚮」為嚮往羨慕，孫星衍則以「嚮」為「饗」，並以「饗樂」解之，意謂享有其樂。

[7] 舊題孔安國傳，孔穎達疏《尚書注疏》，同1，頁178。

孔安國傳於「一曰壽」下注曰：「百二十年。」「二曰富」下注曰：「財豐備。」「三曰康寧」下注曰：「無疾病。」「四曰攸好德」下注曰：「所好者德福之道。」「五曰考終命」下注曰：「各成其短長之命以自終，不橫夭也。」[8]

孔穎達進而解釋道：

> 五福者，謂人蒙福祐有五事也。一曰壽，年得長也。二曰富，家豐財貨也。三曰康寧，無疾病也。四曰攸好德，性所好者美德也。五曰考終命，成終長短之命，不橫夭也。[9]

蔡沈《尚書集傳》雖然把重點置於五福的先後次序上，但也對五者的內容約略有所說解，曰：

> 人有壽而後能享諸福，故壽先之。富者，有廩祿也。康寧者，無患難也。攸好德者，樂其道也。考終命者，順受其正也。以福之急緩為先後。[10]

孫星衍《尚書今古文注疏》亦以為五福有其先後之序，五者之中其尤為人所欲者在先。另對五者的內容也略有說明，曰：

> 福是人之所欲，以尤欲者為先。……以下緣人意輕重為次耳。康寧，人平安也。攸好德，人皆好有德也。考終命，考，成也，終性命，謂皆生攸好以至老也。此五者，皆是善事，自天受之，故謂之福。福者，備也，備者，

大順之總名。[11]

以上各《尚書》的重要注家對五福的內容，所解雖非完全一致，但大同而小異。[12]茲綜合其說，並參以己意，述之如下：

「一曰壽」，指享有高壽，但所謂高壽並無定準，隨時代、地區之不同而有異。筆者以為至少要高於當時該地區人民之平均壽命，甚至要多活十年以上，始足以稱高壽。孔安國云「百二十年」，以當時的人均年壽而言，顯然失諸浮誇，但以現代觀點看來，在生活條件較以往優越許多，醫療保健較以往進步許多的情況下，應該是值得努力追求而且可以達到的目標。

「二曰富」，指生活富足充裕，但所謂富足充裕亦無定準，亦隨時代、地區之不同而有異。筆者以為至少要高於當時該地區人民之平均財富，甚至要高過一倍以上，始足以稱富足充裕。亦即不僅是做到孟子所講王道之始，所期望的使民養生喪死「無憾」而已，而是能達到孔安國所稱「財豐備」、孔穎達所稱「家豐財貨」的地步。

「三曰康寧」，孔安國、孔穎達、蔡沈分別以「無疾病」、「無患難」解之，顯然嫌太消極。孫星衍以「人平安」解之，庶幾近之，但未免過於攏統，也不能盡其義蘊。筆者以為「康」指身體的健康，偏於生理層次；「寧」指心神的安寧，偏於心

---

[11] 孫星衍撰《尚書今古文注疏》，同 5，頁 319。

[12] 其說大同而小異，是否確當?以下有所評述。惟對於蔡沈、孫星衍皆認為五福，或「以福之急緩為先後」，或「緣人意輕重為次」，有其先後的次序。但細看其所言，並未清楚說其「急緩」、「輕重」者何在？故筆者對其說未敢苟同。

理層次;故「康寧」者,身心健全愉悅之意,兼顧生理與心理,此意最周全,亦最耐人尋味。

「四曰攸好德」,諸家或解「攸」為「所」,或解「攸」為「皆」。但對於「好」字,則諸家皆讀為去聲,指喜好、愛好。按此句的重點在「好」不在「攸」,不論所喜好者為德,或喜好者皆是德,其所著重的乃在於道德的修養,不僅要自修其德,而且能夠在力之所及的範圍下施德於人,亦即在己立己達之後能進而立人達人。

「五曰考終命」,考,老也;終命者,終其天年也。人或者由於天災,如風災、旱災、地震……等而死於非命;或者由於人禍,如發生戰爭、治安惡劣……等而殞命,也有因環境污染、食品不衛生……等而罹患惡疾,病痛纏身而死;凡此皆非考終命。古人云壽終正寢,也就是無病痛而終其天年,即是考終命的適切詮釋。

進而言之,誠如孫星衍所言「福者,備也。」[13]所謂五福,必須五者齊備才能稱之為福。舉例而言,雖然享有高壽,但生活貧苦,或體弱多病、心神煩憂,或為非作歹,或死於非命,無非是一個孤苦無依、身心受創、遑遑終日的糟老頭而已,即不屬於福。又如生活儘管富裕,但其他四者有所不足,亦不屬於福。推之,任何一種福,如無其他各種福的搭配,皆不能稱

---

[13] 見前引孫星衍《尚書今古文注疏》對五福內容的說明,同註5,頁319。其說本於許慎《說文解字》:「福,備也。從示,畐聲。」見許慎撰,段玉裁注《說文解字注》,臺北:黎明文化事業公司,1978年11月4版,頁3。

之為福。

　　如此,五福並臻,享有高壽以延續生命的長度,生活富裕以豐富生命的內涵,身心健全以充實生命的品質,修德助人以提升生命的境界,樂享天年以享受生命的本真,則生命就可以充滿喜樂而有其意義。今人所謂的「國民幸福指數」,追求的目標其實並不外乎此,因此五福的概念對制訂「國民幸福指數」的各項指標,應屬必須重視而不可或缺的考量因素。

三、「五福」的概念有待於以制度落實

　　《尚書‧洪範》「九疇」中的第五疇為「建用皇極」,經文在闡述此疇時,曾曰:

> 五皇極,皇建其有極,斂時五福,用敷錫厥庶民。[14]

意謂君王應建立法制,以聚合此五福,用以施布賞賜眾多百姓。已隱約告訴我們,所謂五福乃是一種原則,或者說是一種概念。此原則或概念必須加以聚合,才能廣施於民而造福大眾,所謂聚合而有成效,即有賴於採取具體的措施以落實原則或概念。

　　另據史書的記載,周武王採納箕子所陳述的〈洪範〉「九疇」後,用以理國治民而達到天下太平的地步。理國治民必有其道,亦即一定會設立某些制度,採取某些措施,以落實理念。

　　可惜的是周武王當年設立了哪些制度?採取了哪些措施?

---

[14] 舊題孔安國傳,孔穎達疏《尚書注疏》,同 1,頁 172。

目前已文獻難徵而無從具體了解。即使有文獻可徵，但時移勢異，國情民俗已大不相同，也不宜加以複製，否則即有食古不化之嫌，甚至於還造成膠柱鼓瑟的困境，帶來莫大的弊害。

不管如何，五福究竟只是一種概念，儘管多麼美好而被人嚮往羨慕，如果沒有配套的制度與措施使其落實，到頭來無非是畫餅充飢或望梅止渴而已，對於國民的幸福難有確實的助益，而只能徒托空言。因此五福的概念最重要的是，制訂相關的制度，採取有效的措施，使其能具體落實，如此才能真正的增進國民的幸福。以下即就筆者思慮所及，參考各國所已實施者，各舉若干具體作法以說明之。

就「一曰壽」而言，要使國民享有高壽，必須充分滿足食衣住行育樂等民生的需求，使人民擁有強健的體魄，足以抵抗疾病的威脅。其次要注重保健，其治本之道在注重衛生，從個人衛生到公共衛生，都要透過教育宣導其重要性。並提供適切的施行之道，使每個人以至整體的生活環境都合乎衛生的要求。可是由於種種不同的原因，個人難免生病，或者某些地區發生傳染病，則在治標方面，相關的醫療水準平時固然也需要提昇，到了有急需的時候，更能發動其有效功能，對有待醫治者提供必要的治療。前者如建立衛生觀念，後者如建立醫療保險制度等皆屬之。總之，包括事前的保健之道，以及必要的醫療補救之方，都應兼籌並顧，以保障國民的健康。健康有了保障，國民的壽命自然就可以提高了。

就「二曰富」而言，要使國民生活富裕，首先必須透過教

育，充實國民的知識水準與技術能力，以便投入職場後能研發
出高價值的產品，或製造出高品質的成品，爭取較大的利潤。
其次政府要從事各項建設，營造有利的投資環境，促使大家樂
於投入資金，興辦各種企業，大量增加工作機會，使國民能充
分就業。此外，還要建立廉能的政治，不致於讓貪污腐敗侵蝕
經濟的成果。國民有足夠的知識與技術，自然能夠賺取較高的
所得。國民充分就業，既可善用人力資源，又能增加產能，自
然能夠創造出較高的利潤。政治清明，官員廉潔，不會掠奪人
民所得。如此興利與防弊雙管齊下，國民的生活自然可以充足
富饒了。

　　就「三曰康寧」而言，前已述之，「康」指身體健康，偏
於生理層次，「寧」指心神安寧，偏於心理層次，但身心本為
一體，身體健康有助於心理健全，心理健全又可促進身體健康，
彼此互為因果。就身體健康方面來說，培養運動風氣，普遍設
置運動場館，經常舉辦運動競賽，……等，皆屬政府及民間皆
應努力推動的事情。就心理健全方面來說，培養藝文欣賞能力，
普遍設置藝文活動場館，經常舉辦藝文展覽或表演，以至於推
動有裨於改善社會風氣的各種宗教、民俗活動，……等，都屬
於應該鼓勵的措施。總之，凡有益於身心健全的各種舉措皆宜
多方進行，讓國民能針對興趣或嗜好所近有所選擇取捨。

　　就「四曰攸好德」而言，在教育上，知識與技能固然重要，
但道德修養更屬我們最應該追求者，因為有良好的道德修養，
知識與技能才能發揮正面的效用，否則反而會成為濟惡的資

藉。故教育應以道德為尚，培養國民的良好品格，形成社會的良好風氣，促進整體的和諧進步。在此前提下，除了個人的私德外，更應該培養公共道德，鼓勵大家發揮服務的精神，能力愈大則愈能為大眾謀福興利。舉凡個人參與志願工作，贊助公益活動，或者集結眾人之力，成立公益團體，本著「己欲立而立人，己欲達而達人」的精神，對急需濟助者及時施予援手，使其能渡過難關。如此社會即能充滿溫情，生活於其中，將可充分感受到其美妙而倍覺幸福。

就「五曰考終命」而言，人之所以會死於非命而不能享其天年，或因天災，如風災、旱災、地震……等，則事先建立預警系統，提供正確訊息，採取防範措施，以至災害過後的修復、補助等工作，皆不能怠慢延誤，期使損害程度降至最低。或因人禍，如為爭權奪利而發動戰爭，使生靈塗炭；或輕忽安全的維護，讓治安敗壞；凡此都應於事前協調防範，以避免發生；或加強講求，以維持生命財產的安全。又如因過度開發造成土石亂流，或毒物控管不嚴造成環境污染，或衛生講求不夠造成食品不潔……等，都該建立嚴格的檢核標準，並確實依此標準定期檢核，做好事前的防範工作。一旦發現有違標準而造成傷害者，則應嚴加懲罰，使其有所警懼而不敢再犯。如此標本兼顧，天災的損害或許尚難以完全避免，但人禍的產生絕對可以控制。

以上所舉，掛一漏萬，而且也較偏重原則性，具體的作法可能還需要參酌各時期、各地區的特殊性訂定適宜的制度，並於制定以後確實執行，如此才能收到真正的功效。

　　前已指出，五福並非各自獨立，彼此息息相關，必須相互搭配而行。如因「康寧」才能「壽」，也才能「考終命」。又如「富」則可以提供充分的營養，注重養生，才能「壽」而「康寧」。又如「攸好德」因涵養好，又樂於助人，在精神上十分充足，則又有助於「康寧」而「壽」。諸如此類，則上述各有關五福的落實措施，雖僅針對某一福而言，但影響所及可以挹注於其他各福。總之，五福屬於一個整體，在概念上如此，在以制度落實時也是如此。

四、結　語

　　「國民幸福指數」為目前世界許多國家所關注者，紛紛為其訂定評估的指標，並且常以提高其指數作為施政的一大目標，成為現代的一項重大議題。《尚書·洪範》「九疇」中的「五福」，本為勸勉人向善而設定，為人所嚮往羨慕的目標。曰壽，曰富，曰康寧，曰攸好德，曰考終命，皆屬有助於使生命充滿喜樂，使生命具有意義的概念，為儒家經典中用以鼓舞勸誘人修德的項目，屬古典中由先民智慧凝聚而成的主要命題。

　　「國民幸福指數」與《尚書·洪範》「九疇」中的「五福」，乍看之下，似乎毫無關係，也因此並未見有人將之相提並論。但筆者於今年 6 月底，應孔孟學會嘉南地區推廣中心邀請，在「儒家倫理與國民幸福感」座談會中，與研究儒學及經濟、外交等共六位學者擔任引言人。[15]在事先準備發言內容時，發現

---

[15] 該項活動名稱為「2012 年國際儒學論壇」，於 6 月 21 日、22 日在臺南舉行，除邀請曾昭旭教授作專題演講外，另舉辦兩場座談會，主題分別為「儒家倫

彼此實有相當密切的關聯,前者既然被大多數國家所重視,並努力追求達到較高的指標,以增進國民的幸福感。後者更屬眾所嚮往羨慕,而可以用來勸勉人向善者,也屬於大家所努力追求的。因而不揣淺陋,將兩者加以連繫,試圖從儒家的經典中發掘其蘊涵的深意,並與現代的議題結合,以期能成為重要的參考值,為生民謀求更大的幸福。

由於是屬於新開發的議題,筆者的思慮也不夠周詳,文中疏漏之處在所難免。但本文之寫作,主要目的乃在藉拋磚以引玉,希望提起大家的興趣,共同探討研究,以期從古典中尋找新義,並與當代需求相結合,使儒學的義理能歷久常新,利濟生民。

——原發表於 2012 年 6 月,台南「2012 年國際儒學論壇」

※後記:筆者曾於 2014 年 3 月中下旬赴不丹、孟加拉、錫金、大吉嶺等地旅遊。在不丹停留 5 天,總體印象是很像五、六十年前的台灣鄉下,氣氛祥和,民風純樸,景色也很怡人。但發現該國位處山區,地形崎嶇,道路建設落後,交通很不方便,旅遊途中險象叢生。除寺廟及極少數建築以外,一般的民居顯得簡陋,某天在所住該地最好的飯店更遭遇到停電。沿途所經人口較密集之鄉鎮,商店及公共服務的場所並不多,可見生活機能仍非十分方便。又筆者曾於該國首都廷布的郵局總局寄信回台北,據郵局人員告知:在兩週內可寄達,結果是我在五天後返台,又過了一個多月才收到信,效率從而可知。

理與振興社會風氣」、「儒家倫理與國民幸福感」,各由華梵大學校長朱建民、前臺灣大學校長孫震主持,每場座談會又各邀請來自各領域的學者擔任引言人。會中發言討論頗為熱烈。會後並安排了茶道藝術、古琴文化展演,參觀臺灣文學館、奇美博物館等活動,內容相當充實。

捌、《周禮‧地官》「六藝」的
內涵及其在教育上的作用

一、前　言

　　所謂「六藝」，說法有二：一說指《禮》、《樂》、《書》、《詩》、《易》、《春秋》。此即《史記》所稱「孔子以《詩》、《書》、《禮》、《樂》教，弟子蓋三千焉，身通六藝者七十有二人。」[1]其性質略近於現代的教材，因《史記》稱引頗多[2]，故不妨稱之為《史記》六藝。二說指禮、樂、射、御、書、數。

---

[1] 司馬遷撰，裴駰集解，司馬貞索隱，張守節正義《史記‧孔子世家》，台北：鼎文書局《新校本史記三家注并附編二種》，1981年8月4版），頁1938。
[2] 如〈伯夷列傳〉云：「夫學者載籍極博，猶考信於六藝，《詩》、《書》雖缺，然虞夏之文可知也。」〈滑稽列傳〉云：「孔子曰：『六藝於治，一也。《禮》以節人，《樂》以發和，《書》以道事，《詩》以達意，《易》以神化，《春秋》以義。』」〈太史公自序〉引司馬談＜論六家要旨＞云：「夫儒者以六藝為法，六藝經傳以千萬數。」又云：「夫《春秋》，上明三王之道，下辨人事之紀，別嫌疑，明是非，定猶豫，善善惡惡，賢賢賤不肖，存亡國，繼絕世，補敝起廢，王道之大者也。《易》著天地陰陽四時五行，故長於變。《禮》經紀人倫，故長於行。《書》記先王之事，故長於政。《詩》紀山川谿谷禽獸草木牝牡雌雄，故長於風。《樂》樂所以立，故長於和。《春秋》辯是非，故長於治人。是故《禮》以節人，《樂》以發和，《書》以道事，《詩》以達意，《易》以道化，《春秋》以道義。」同1，頁2121、3197、3290、3297。

此即《周禮・地官》所稱「保氏掌諫王惡，而養國子以道，乃教之六藝。」[3]以下即指明六藝為五禮、六樂、五射、五馭（御）、六書、九數，其性質略近於現代的科目，因首次出現於《周禮》，故不妨稱之為《周禮》六藝。

上述二說以《史記》六藝較為人所熟知，一般有關經學、儒學，以至國學的著作，或詳或略，都會介紹。至於《周禮》六藝，大家雖不至於毫無所悉，但了解究屬有限，也少有著作述及。

2009 年，臺北市孔廟向交通部觀光局提出「臺北市孔廟歷史城區觀光再生計畫」，經評審通過，獲得新臺幣三億元的補助，加上臺北市政府提供的三億配合款，因有足夠經費的挹注，自 2010 年至 2011 年為期兩年內，陸續推出新的子計畫，其中包括「多媒體六藝體驗活動」，透過具體物件的展示，以及互動式的多媒體設計，將《周禮》六藝亦即禮、樂、射、御、書、數的內容展現出來。遊客除了靜態的觀賞以外，也可透過實際的操作親身體驗，故推出以來，頗受歡迎。[4]

在得標廠商臺北市天璇企業有限公司執行此子計畫時，曾聘請筆者擔任顧問，筆者因而有機會對《周禮》六藝進行較進一步的探討，除了掌握其內涵外，更深切的感受到其在教育上所具有的作用，其中有些在現代仍饒富參考的價值，可以作為

---

[3] 鄭玄注・孔穎達疏 《周禮注疏》，台北：藝文印書館影印嘉慶二十年江西南昌府學開雕《重刊宋本周禮注疏附校勘記》，頁 212。

[4] 其詳可參董金裕總編審 《聖之時——台北市孔廟的蛻變與傳承・台北市孔廟歷史城區觀光再生計畫——多媒體六藝體驗活動》，台北：台北市孔廟管理委員會，2011 年 12 月，頁 280-287。

我們調整課程的參考，以期達到更好的教育功效。

　　全文先引用經學重要注疏家的注解，介紹《周禮》六藝的內涵。接著探討六藝的屬性以及彼此的關係，進而闡發六藝的教學特色。最後加以總結，並對當前的教育提出針砭，以見古典的經義仍然饒具現代意義，為我們所當正視。

二、《周禮》「六藝」的內涵

　　根據《周禮・地官》記載：

> 保氏掌諫王惡，而養國子以道，乃教之六藝：一曰五禮，二曰六樂，三曰五射，四曰五馭，五曰六書，六曰九數。[5]

則所謂六藝者，包括五禮、六樂、五射、五馭、六書、九數，其詳細內容究竟為何？《周禮》並未進一步說明，茲據相關經傳及主要注疏家所言，略加疏通如下，以助讀者了解。

（一）禮－五禮

　　前引《周禮・地官》「一曰五禮」下，鄭玄注云：

> 五禮，吉、凶、賓、軍、嘉也。[6]

孔穎達疏曰：

5　鄭玄注，孔穎達疏《周禮注疏》，同3，頁212。
6　鄭玄注，孔穎達疏《周禮注疏》，同3，頁212。

> 五禮，吉、凶、賓、軍、嘉，〈大宗伯〉文。[7]

檢視〈大宗伯〉之文，從其中所述各自的作用，大抵可以看出五禮的內涵：

> 以吉禮事邦國之鬼神示，……以凶禮哀邦國之憂，……以賓禮親邦國，……以軍禮同邦國，……以嘉禮親萬民，……[8]

據此可知吉禮是用來祭祀人鬼（祖先）、天神、地示（祇），以表示對其事奉尊崇的典禮。凶禮是用來表達對喪葬、災荒、寇亂等憂患之事的憐恤、慰問或援助，以表達哀傷關懷的典禮。賓禮是諸侯朝見天子，或天子會見諸侯，使彼此互相親附的典禮。軍禮是以軍隊征伐，或訓練軍隊、興建軍事工程、勘定國家疆界、釐訂賦稅多寡，以協同保衛國家的典禮。嘉禮是用以表達對冠、婚禮的祝賀，或以賓射、宴享禮接待親友賓客，以及遇有其他值得慶祝道賀之事所採各種儀節，用來敦睦感情，使彼此親附的典禮。

五禮其實又各自包括許多項目的禮，如吉禮之中祭祀天神的禮就包括了祭昊天上帝，祭日月星辰，祭司中、司命、風師、雨師的禮，其餘祭祀人鬼、地示的禮也分為多種。因事涉專門，且並非本文重點所在，故不贅述。

（二）樂－六樂

前引《周禮‧地官》「二曰六樂」下，鄭玄注云：

---

[7] 鄭玄注，孔穎達疏《周禮注疏》，同 3，頁 213。
[8] 鄭玄注，孔穎達疏《周禮注疏》，同 3，頁 270-278。

> 六樂，〈雲門〉、〈大咸〉、〈大韶〉、〈大夏〉、〈大濩〉、〈大武〉也。[9]

孔穎達疏曰：

> 六樂，〈雲門〉以下，〈大司樂〉文。[10]

檢視〈大司樂〉之文「以樂舞教國子，舞〈雲門大卷〉、〈大咸〉、〈大磬〉、〈大夏〉、〈大濩〉、〈大武〉。」[11]下，鄭玄注云：

> 此周所存六代之樂，黃帝曰〈雲門大卷〉。……〈大咸咸池〉，堯樂也。……〈大磬〉，舜樂也。……〈大夏〉，禹樂也。……〈大濩〉，湯樂也。……〈大武〉，武王樂也。[12]

可見六樂乃黃帝、堯、舜、夏禹、商湯、周武王六代之樂。又〈大司樂〉論述六樂的作用云：

> 以六律六同、五聲、八音、六舞大合樂以致鬼神示，以和邦國，以諧萬民，以安賓客，以說遠人，以作動物。[13]

與上引〈大宗伯〉所述五禮的作用極為近似，由此可知樂者乃行禮時所表演的歌舞，故六樂又稱六舞，而六樂既然是代表黃帝以下六代的歌舞，則必然會有詩以歌頌當代的文治武功，所

9　鄭玄注，孔穎達疏《周禮注疏》，同3，頁212。
10　鄭玄注，孔穎達疏《周禮注疏》，同3，頁213。
11　鄭玄注，孔穎達疏《周禮注疏》，同3，頁337-338。
12　鄭玄注，孔穎達疏《周禮注疏》，同3，頁338。
13　鄭玄注，孔穎達疏《周禮注疏》，同3，頁338。

以六樂實際上乃是一種詩樂舞合一的大型舞曲。

（三）射－五射

前引《周禮・地官》「三曰五射」下，鄭玄注云：

鄭司農云：「五射，白矢、參連、剡注、襄尺、井儀也。」[14]

孔穎達疏曰：

> 先鄭云五射白矢已下無正文，或先鄭別有所見，或以義而言之。云白矢者，矢在侯而貫侯，過見其鏃白。云參連者，前放一矢，後三矢連續而去也。云剡注者，謂羽頭高鏃低而去剡剡然。云襄尺者，臣與君射，不與君並立，襄君一尺而退。云井儀者，四矢貫侯如井之容儀也。[15]

據此，可見並無法在《周禮》中找到五射的正文，但孔穎達隨即對五射加以詮釋，依其詮釋，白矢是指能射穿箭靶（侯）而露出箭頭（鏃），因露出的箭頭閃亮，故稱白矢；參連是指射出一支箭以後，隨即連續射出三支箭，故稱參連；剡注是指射出的箭箭尾（羽頭）高而箭頭低，銳利射中箭靶，（剡，音一ㄢˇ，銳利）；襄尺是指君臣同時射箭時，臣謙讓（襄）於君，退於君後一尺；井儀是指射出的四支箭，在箭靶上排列如井字的四方形。以上五射分別顯現了射箭的勁道、快速、銳利、禮儀及準頭。

---

[14] 鄭玄注，孔穎達疏《周禮注疏》，同 3，頁 212。

[15] 鄭玄注，孔穎達疏《周禮注疏》，同 3，頁 213。

（四）御（馭）─五御（馭）

前引《周禮·地官》「四曰五馭」下，鄭玄注云：

> 五馭，鳴和鸞、逐水曲、過君表、舞交衢、逐禽左。[16]

孔穎達疏曰：

> 五馭者，馭車有五種，云鳴和鸞者，和在式，鸞在衡。
> 案《韓詩》云：「升車則馬動，馬動則鸞鳴，鸞鳴則和
> 應」，先鄭依此而言。云逐水曲者，無正文，先鄭以意
> 而言，謂御車隨逐水勢之屈曲而不墜水也。云過君表者，
> 謂若《毛傳》云：「褐纏旃以為門，裘纏質以為樲，間
> 容握，驅而入，擊則不得入」，《穀梁》亦云「艾蘭以
> 為防，置旃以為轅門，以葛覆質以為槷流，旁握御擊者
> 不得入」，是其過君表即褐纏旃是也。云舞交衢者，衢，
> 道也，謂御車在交道，車旋應於舞節。云逐禽左者，謂
> 御驅逆之車，逆驅禽獸使左當人君以射之，人君自左射，
> 故《毛傳》云「故自左膘而射之，達于右腢為上殺」，
> 又《禮記》云「佐車止則百姓田獵」是也。[17]

其中對過君表的解釋，嫌晦澀迂曲，孫詒讓以為「其說殆不可
通」，而另為之說道：「君表猶言君位，《左昭十一年傳》云：
『朝有著定，會有表，會朝之言必聞于表著之位。』杜注云：
『野會設法以為位。』蓋會同師田，君在則必有表位，凡車過

---

[16] 鄭玄注，孔穎達疏《周禮注疏》，同3，頁212。
[17] 鄭玄注，孔穎達疏《周禮注疏》，同3，頁213。

之，當別有儀以致敬，故五御有過君表之法，猶入治朝者申過位之敬矣。」[18]

　　綜合孔穎達疏及孫詒讓之說，鳴和鸞是指駕車時，掛在車軾上及馬銜上的鈴鐺（在軾曰和、在馬銜曰鸞）聲相互應和調諧，以表步伐整齊穩定。逐水曲是指駕車經過曲折的水岸邊，安穩而不會掉進水中。過君表是指駕車經過君前之位時，向君王行禮以表敬意。舞交衢是指駕車經過交叉路時，應該如舞蹈般具有一定的節奏。逐禽左是指打獵時駕車追捕野獸，將野獸驅趕到左邊，以便於坐在車子左邊的人君射殺。以上五射分別講求駕車的純熟穩定、安全和有節奏，並能向君王致敬，且提供君王狩獵的方便。

（五）書－六書

　　前引《周禮・地官》「五曰六書」下，鄭玄注云：

> 六書，象形、會意、轉注、處事、假借、諧聲也。[19]

孔穎達疏曰：

> 云六書象形之等，皆依許氏《說文》。云象形者，日、月之類是也，象日、月形體而為之。云會意者，武、信之類是也，人言為信，止戈為武，會合人意，故云會意也。云轉注者，考、老之類是也，建類一首，文意相受，左右相注，故名轉注。云處事者，上、下之類是也，人

---

[18] 孫詒讓撰《周禮注疏》，台北：藝文印書館影印楚學社本，頁 2469。
[19] 鄭玄注，孔穎達疏《周禮注疏》，同 3，頁 213。

在一上為上，人在一下為下，各有其處，事得其宜，故名處事也。云假借者，令、長之類是也，一字兩用，故名假借也。云諧聲者，即形聲一也，江、河之類是也，皆以水為形，以工、可為聲。但書有六體，形聲實多。……[20]

核對今本許慎《說文解字·敍》，可以發現孔穎達疏所言六書的名稱與次序與之略有不同，但所舉六書字例完全一樣，至於解說則因用字太簡，故皆尚有不夠明白清楚之處。[21]

所幸經過文字學者不斷的研究，目前學界基本上已形成共識：六書的名稱次序應為象形、指事、會意、形聲、轉注、假借，前四者為文字構造的基本法則，後兩者為文字構造的補充法則。至於六書的意義則為：象形是按照物體的形狀將其描摹出來，指事是用簡單的符號來表示某些概念，會意是會合兩個或兩個以上之文的意思以形成新的一個字（獨體為文，合體為字），形聲是由表示事物類別的「形符」和表示字音的「聲符」組合而成的字，轉注是指字形、讀音及意義相近的字可以相互注釋，假借是本來沒有這個字但可借用聲音相同或相近的字來代替。至於六書的作用則在於透過對文字的構造，以認識文字的形音義，並能適切運用，以表達情意。

---

[20] 鄭玄注，孔穎達疏《周禮注疏》，同3，頁213。

[21] 許慎撰《說文解字·敍》云：「保氏教國子，先以六書：一曰指事，指事者，視而可識，察而見意，上、下是也。二曰象形，象形者，畫成其物，隨體詰詘，日、月是也。三曰形聲，形聲者，以事為名，取譬相成，江、河是也。四曰會意，會意者，比類合誼，以見指撝，武、信是也。五曰轉注，轉注者，建類一首，同意相受，考、老是也。六曰假借，假借者，本無其字，依聲託事，令、長是也。」六書的名稱與次序為一指事、二象形、三形聲、四會意、五轉注、六假借。見許慎著，段玉裁注《說文解字注》，台北：黎明文化事業公司，1978年11月4版，頁762-764，

（六）數－九數

前引《周禮·地官》「六曰九數」，鄭玄注云：

> 九數，方田、粟米、差分、少廣、商功、均輸、方程、贏不足、旁要。[22]

孔穎達疏僅攏統曰：「九數者方田以下皆依《九章筭術》而言」[23]，並不再如前之五禮、六樂、五射、五馭、六書等之例，一一說明九數所指各為何。

按《九章筭（算）術》為古代重要的數學經典著作，作者為何人已無從查考，但西漢初年張蒼等曾對之加以刪補，可見成書甚早。全書分為九章，共 246 題，每題包括問（問題）、答（答案）、術（解題方法）三部分，由淺入深，極有層次。此九章即九數，依序說明如下：方田，主要內容是對各種田畝面積的計算。粟米，主要是講各種比例計算問題，特別是各種穀物之間按比例交換的問題。襄分，又稱差分，襄指按等級或比例，分指分配，這一章主要是講按等級或按一定比例進行分配的各種計算問題。少廣，講的是已知面積和體積反求其一邊的問題，涉及開平方和開立方的方法。商功，商指商議，功指工程，這一章主要是講有關土石方和用工量的各種工程數學問題。均輸，講的是按人口多少和路途遠近等條件，以攤派賦稅和徭役等的比例問題。盈不足，或作贏不足，主要是講盈虧的計算問題。方程，主要內容是方程式的計算問題。句股，又稱

---

[22] 鄭玄注，孔穎達疏《周禮注疏》，同 3，頁 213。
[23] 鄭玄注，孔穎達疏《周禮注疏》，同 3，頁 213。

旁要，句指短面，股指長面，短長相推以求其弦，故又稱句股弦，即直角三角形的解法問題。

《九章算術》雖以算術為名，但其內容除了涉及今所稱算術以外，更涵括今之代數、幾何，內容豐富，題材廣泛，尤其可貴的是能與社會的實際需求，諸如土地面積、糧食交換、物資分配、工程體積、稅役攤派、物價漲跌等密切相關，成為其最大的特色。[24]

三、《周禮》「六藝」的屬性及其相互關係

透過上述對《周禮》六藝內涵的介紹，我們可以將六藝歸納為三組：禮、樂為一組，射、御為一組，書、數為一組，各有其在教學上所著重之處，茲分述之如次。

第一組為禮、樂，重在倫理的培養及情意的陶冶，為教育的首要之務。按儒家最重視禮樂教化，《論語‧泰伯》記載：

　　子曰：「興於詩，立於禮，成於樂。」[25]

此章記述孔子明言興起善心，立身成德，在於詩、禮、樂。但前已述及，詩、樂本為一體，故可將詩、禮、樂化約為禮、樂。禮、樂之作用雖相反而實相成，彼此同出人心，相須以為用，故《禮記‧樂記》云：

---

[24] 此節所述六藝的內涵，少數有異解，如五御中的「過君表」、「六書」、「九數」等，既非本文重點，故不贅述。所採乃較為眾所認同之說法。

[25] 朱熹著《論語集注‧泰伯》，台北：大安出版社《四書章句集注》，2005年8月1版5刷，頁141。

> 樂者，音之所由生也，其本在人心之感於物也。……知
> 樂則幾於禮矣，禮、樂皆得謂之有德。[26]

> 樂者為同，禮者為異。同則相親，異則相敬。……禮義
> 立則貴賤等矣，樂文同則上下和矣。……樂者天地之和
> 也，禮者天地之序也；和故百物皆化，序故群物皆別。……
> 致樂以治心，則易直子諒之心油然生矣！……致禮以治
> 躬則莊敬，莊敬則嚴威。[27]

類此之言，《禮記・樂記》以至《荀子・樂論》所載頗多，皆
可充分看出禮、樂之密不可分。

第二組為射、御，重在體能的訓練及技藝的精熟，因已講
求技藝，故必須達到相當的年齡，具備相當的體力，始可讓孩
童學習。《禮記・內則》記載：

> 八年，出入門戶及即席飲食，必後長者，始教之讓。……
> 十年……禮帥初，朝夕學幼儀。……十有三年，學樂、
> 誦詩、舞勺。成童，舞象，學射、御。[28]

八歲開始在日常生活上學禮讓，一直到十歲都在學幼童應有的
禮儀。十三歲則可以學樂、誦詩，詩、樂、舞雖為一體，但此
時體力未充，只能舞勺，即跳手持羽、籥等較輕之物，不需太
多體力的文舞。到了成童（年十五以上），亦即青少年階段，
發育逐漸完成，體力日健，就可以舞象，即跳手持干、戈等較

---

[26] 鄭玄注《禮記》，台北：學海出版社，1979 年 5 月影印民國二十六年來青閣
  景印宋紹熙建安余氏萬卷堂校刊本，頁 476。
[27] 鄭玄注《禮記》，同 26，頁 479-505。
[28] 鄭玄注《禮記》，同 26，頁 377。

重之物的武舞，並進而學射、御了。及至成年之後，發育已經完成，體壯力強，即可以學正式的禮而非幼儀，也就可以跳手持羽、籥、干、戈的文武合一之舞，此即《禮記·內則》所云：「二十而冠，始學禮，……舞〈大夏〉」是也。[29]可見一切的學習都必須配合身心的成熟程度，循序漸進，逐步加強。

　　第三組為書、數，重在知識的獲取，以及在日常生活的運用，只要孩童的智慧已開，不必年齡太大即可進行。《禮記·內則》載：

> 六年，教之數與方名。……九年，教之數日。……十
> 年，……學書記，……請肄簡諒。[30]

教之數（數字）、教之數日（以天干、地支計算日期），都屬於數的範疇。教之方名（方位之名），則屬於日常生活的應用。學書記、請肄簡諒，依鄭玄對請肄簡諒之注，皆與文字、語言相關[31]，都是屬於書的範疇。所學者不論哪一項，其實皆與日常生活的應用有關。先教之數與方名，再教之數日，先學書記再請肄簡諒，也是由淺入深，強調的是學不躐等也。

　　以上三組看似各自獨立，但彼此習習相關。舉例而言，如《禮記·射義》言：

> 古者諸侯之射也，必先行燕禮。卿大夫士之射也，必先

29　鄭玄注《禮記》，同 26，頁 378。〈大夏〉，鄭玄注云：「〈大夏〉，樂之文武備者也。」

30　鄭玄注《禮記》，同 26，頁 377。

31　鄭玄注云：「肄，習也。諒，信也。請習簡，謂所書篇數也。請習信，謂應對之言也。」同 26，頁 377。

> 行鄉飲酒之禮。故燕禮者，所以明君臣之義也。鄉飲酒
> 之禮，所以明長幼之序也。故射者進退周還必中禮，內
> 志正，外體直，然後持弓矢審固；持弓矢審固，然後可
> 以言中；此可以觀德行矣。[32]

又云：

> 射者，仁之道也。射求正諸己，己正而后發。發而不中，
> 則不怨勝己者，反求諸己而已矣！孔子曰：「君子無所
> 爭，必也射乎！揖讓而升，下而飲，其爭也君子。」[33]

類此之言尚多，凡此皆可見射與禮，與修德關係之密切。又如
五射中有襄尺，指君臣同時而射，則臣應襄（讓）於君一尺，
講求的是臣尊君之禮。五御中有過君表，指臣駕車經過君王之
前，向君王行禮以表敬意；又有逐禽左，指打獵時應駕車將野
獸驅趕至車左，以便坐於車左的君王射殺；講求的也是君臣之
義。

　　再舉例而言，依《禮記・內則》所言，六年，教之數；九
年，教之數日；此為基礎性的數學，其後逐步漸進，由淺而深，
以至於熟習《九章算術》所載的九數，實際運用於田畝面積、
工程體積的計算，糧食交換、物資分配的比例，稅役攤派、物
價漲跌的評定等，皆與人民的生活密切相關。若能掌握得當，
則百姓不虞匱乏，做到養生喪死無憾，也就可以嫻禮、樂而習
射、御矣！又如射箭講究持弓矢審固以中的，則弓的重量、矢
的銳利程度、臂力的強度，以至風向及風速，皆有賴於數的推

---

[32] 鄭玄注《禮記》，同26，頁822-823。
[33] 鄭玄注《禮記》，同26，頁828-829。

算。駕車講究安全、穩定與有節奏，則路途的遠近、車行的速度，以至地勢的平直或曲折，也要掌握其精確的數字。另依《禮記·內則》所言，十年，學書記、請肄簡諒，皆與文字有關，《說文解字·敘》云

> 蓋文字者，經藝之本，王政之始，前人所以垂後，後人所以識古，故曰本立而道生，知天下之至嘖而不可亂也。[34]

則識字以後，進而學習《史記》六藝，即《詩》、《書》、《禮》、《樂》、《易》、《春秋》，以至於諸子百家之言，舉凡前人所以詔後，後人所以承先，有關歷史文化的傳承皆有賴於學書矣！

四、《周禮》「六藝」的教學特色

《周禮·地官》言保氏「養國子以道，乃教之六藝。」六藝作為教學的科目，各有其屬性，而又彼此密切相關，其所顯現的特色，筆者以為至少有下列三點：

（一）文事與武備兼具

六藝之中，禮、樂重在倫理的培養及情意的陶冶，皆有關於文化素養。射、御重在體能的訓練及技藝的精熟，而此技藝明顯的偏向於武藝，亦即屬於軍事的技能。其實五禮中的軍禮即屬軍事範疇，而六樂既然都是一代之樂，當然是文武合一之舞，也與軍事相關。書、數重在知識的獲取及實際生活的運用，

---

[34] 許慎著，段玉裁注《說文解字注》，同 21，頁 771。

可以視為禮、樂與射、御的基礎知能。如是，六藝的教學有文事，亦有武備，顯然是文武合一的教育。《史記‧孔子世家》記載孔子於攝魯國相事時，輔佐魯定公與齊景公會於夾谷（在今山東省萊蕪市），曾諫請曰：「有文事者必有武備，有武事者必有文備。」[35]要求具左右司馬以從，魯定公採納其建議，終於在會上取得上風，為魯國爭取到不少權益。由此可見《周禮》此種兼重文武的教育特色，深為孔子所贊同並加以運用，而獲得外交上的勝利。就今日而言，在教育時傳授知識與技能固然重要，但如何培養學生強健的體魄更是必須注重者。

（二）道德與知識、技藝並重

大抵而言，教學目標可以分為三個方面：知識探求方面、技能培養方面、情意陶冶方面。以此為標準來看待六藝，顯然書、數較偏重於知識探求方面，射、御較偏重於技能培養方面，禮、樂則較偏重於情意陶冶方面。但因三者表面上看來雖然各自獨立，其實乃互相足成，因此可以透過禮樂的薰陶，培養倫理的觀念、高尚的情操，既可以修己，也有助於與群體的互動，增進社會的和諧；透過書、數的學習，吸收從事各種學問的基礎知識，為追求更高深的學問奠定深厚的根柢；充實基礎知識，追求高深學問以後，即可用來訓練純熟的技能，既便於日常生活的運用，將來也可以此從事各種行業，來為社會人群服務。足見六藝的教學實能涵括知識探求、技能培養、情意陶冶三個層面的教學目標，有體有用，與現代教育所追求的目標正相吻合。

---

[35] 司馬遷撰，裴駰集解，司馬貞索隱，張守節正義《史記‧孔子世家》，同1，頁1915。

（三）身心交融，人我互動

六藝之教學，因禮、樂同出於人心，而且可以相須為用，有裨於陶冶心性，洩導人情。射、御則能訓練體能，熟練技巧，對強身健體極有助益，進而由生理的健全促成心理的安定。書、數雖屬客觀知識的探求，但可藉此運動腦筋，使思慮靈活，亦大有助於身體的健康、心智的成熟。是就個人而言，嫻習六藝顯然可以達到身心交融的效果。

由個人推而至於人群，則吉、凶、軍、賓、嘉五禮都有其施行之對象，代表六代之樂的六樂乃合詩樂舞為一的大型舞曲，皆屬群體的活動。射箭、駕御車馬固然可以單獨為之，但射箭較常進行的是群體的競賽，所駕御的如屬兵車，則一車三人必須分工合作。書、數雖較偏於個人的學習，但也有定期的考核以分高下，免不了與同儕相互評比。凡此或促進感情的交流，或相互觀摩切磋，或大家分工合作，或彼此鼓舞激勵，皆有助於人我的互動。

五、結　語

健全的教育強調智、德、體、群、美五育並進，但考察當前的教育，不難發現基本上所注重者只有智育，其他四育則被嚴重忽略，以致弊病叢生，有識者憂心忡忡，乃大聲疾呼應注重全人教育。但全人教育的內涵究竟如何？可謂人言言殊，難以取得共識，鄙意以為《周禮》六藝實具有可供參考之處。

首就教學所設科目而言，六藝僅有六個科目，固然因為古

代社會比較單純樸實，事務也相對簡易，設科可以不必太多，但考查現代台灣、大陸，以至香港、澳門的中小學，其所設置的科目往往多達十幾種，甚至更多，有些科目開設的意義不大，而彼此之間又未必連屬。一個星期所能用來教學的時數有其限度，科目既多而又破碎，每科所能分配的時間甚少，學習也就難以專精，教學效果當然會大打折扣了。故就今日而言，由於社會已較以前複雜，為因應實際需求，科目當然有必要增加，但基本上在中小學階段，個人以為宜限定在語文、數學、自然（包括生物、物理、化學）、社會（包括歷史、地理、公民）、體育、藝術（包括音樂、美術）等科目，不能過於浮濫。否則期望樣樣皆通的結果必然是樣樣稀鬆，達不到教育的真正成效。

其次以六藝的屬性與五育相對照，禮、樂相當於德育，並涵蓋群育、美育，射、御相當於體育，書、數相當於智育。再以六藝的教學特色：文事與武備兼具；道德與知識、技藝並重；身心交融，人我互動；其實也與五育的教學目標相符。然則所謂全人教育者，實不能外於五育的範疇，而六藝的屬性與教學特色既然與五育的目標若合符節，則其可以作為我們今日取法之資者正復不少。從古典中發掘其義蘊，並與當代結合，以發揮宏效，亦當為我們從事儒學研究所應遵循的正途。

——原發表於 2013 年 9 月曲阜「第六屆世界儒學大會」，後分別被收錄於《孔子研究》2014 年第 1 期，濟南：中國孔子基金會、《第六屆世界儒學大會論文集》，北京：文化藝術出版社，2014 年 10 月 1 版 1 刷

附　編

壹、施政的法則
──《古文尚書・大禹謨》「六府三事」
之「三事」的內涵及其現代意義

一、前　言

　　《古文尚書・大禹謨》記載帝舜與大禹、伯益、皋陶等大臣談論治理天下之要道時，大禹建言說：

> 德惟善政，政在養民。水、火、金、木、土、穀，惟修。正德、利用、厚生，惟和。九功惟敘，九敘惟歌。戒之用休，董之用威，勸之以九歌，俾勿壞。[1]

意謂只要將水、火、金、木、土、穀之事修治得當，將正德、利用、厚生之事運用和順，則這些合稱為「九功」，且皆處理順當的政教措施，將會贏得百姓的頌揚讚美。施政之道乃在於以美好之德教誡百姓，以威嚴之法督責百姓，以「九歌」勸勉百姓，如此就可以使得政教維繫不墜。大舜聞言之後立即表示認同，並且回應道：

---

[1] 舊題孔安國傳，孔穎達疏《尚書正義・大禹謨》，台北：藝文印書館影印嘉慶二十年江西南昌府學開雕《重刊宋本尚書注疏附校勘記》，頁 53。

> 俞！地平天成，六府三事允治，萬世永賴。[2]

讚許治理天下如能配合地理使水土平治，掌握天時使萬物生成，「六府三事」也確實處置得當，則將永遠被後世依賴而造福萬代。

在大舜的答語中正式提出了「六府三事」之詞，對照上引大禹之言，可以明白判斷「六府」應為水、火、金、木、土、穀，「三事」應為正德、利用、厚生。

按《尚書》為上古時代的政府公文檔案，[3]其所記載者皆屬有關政治教化的重要政策與措施。向來有今、古文之分，《古文尚書》自東晉梅賾奏獻以後，歷經隋、唐，士子傳習不衰。到了宋朝，梅鷟、朱熹等開始懷疑其屬偽作，迭經宋、元、明、清許多學者的考證，直至清朝閻若璩《尚書古文疏證》遂確認其為偽書，雖有毛奇齡《古文尚書冤詞》等為之辨誣，但學界已有公論，並無法為《古文尚書》翻案。

《古文尚書》雖屬偽書，但偽書並非等於劣書，故如朱彝尊、李紱等雖抨擊《古文尚書》之偽，依然肯定其仍有很高的價值。今人戴君仁先生云：

> 我們把這二十五篇偽《古文尚書》，不看做上古的經典，
> 三代的信史，而只當作魏晉間子書來讀，似乎仍不失為

---

2 舊題孔安國傳，孔穎達疏《尚書正義·大禹謨》，同 1，頁 53。按「俞」，應許之辭。
3 此取屈萬里先生之說，參見屈萬里著《尚書釋義·敘論》，台北：中國文化學院出版部，1980 年 9 月出版，頁 2~3。

一部很有價值的書。[4]

其說客觀平允，很值得我們信服。

《古文尚書》既然有其價值，更何況本文一開始所引〈大禹謨〉「六府三事」之文，又見於《左傳·文公七年》所載，晉國將領郤缺勸諫掌權正卿趙盾應該務德時說：

> 《夏書》曰：「戒之用休，董之用威，勸之以九歌，勿使壞。」九功之德皆可歌也。謂之九歌；六府三事，謂之九功；水、火、金、木、土、穀，謂之六府；正德、利用、厚生，謂之三事。義而行之，謂之德禮。[5]

文字雖有小異，意旨完全相同，足見〈大禹謨〉所載「六府三事」並非絕不可信的無稽之談，以故抨擊〈古文尚書〉不遺餘力的閻若璩《古文尚書疏證》，也認為〈大禹謨〉所言有其依據，甚至還撰有〈言〈大禹謨〉句句有本〉的文章。[6]

〈大禹謨〉中的「六府三事」，包括「六府」與「三事」，「六府」後來演變為去除「穀」之後保留水、火、金、木、土的「五行」，而為陰陽家所特別看重，「六府」已少有人提及。至於「三事」則因屬施政的重要法則，故始終被重視。是故本

---

[4] 戴君仁著《戴君山先生全集·閻毛古文尚書公案》，台北：戴靜山先生遺著編輯委員會，1980 年 9 月初版，第 1 冊，頁 446。

[5] 左丘明傳，杜預注，孔穎達疏《左傳正義·文公七年》，台北：藝文印書館影印嘉慶二十年江西南昌府學開雕《重刊宋本左傳注疏附校勘記》，頁 318~319。

[6] 見閻若璩撰，黃懷信、呂翊欣校點《古文尚書疏證》卷三，惜該卷下注云「此卷全闕」，無法得見其詳。上海：上海古籍出版社，2010 年 12 月第 1 版第 1 次印刷。

文專門針對「三事」，先探討其內涵，進而闡述其在現代所具有的意義，以顯現其仍然值得我們重視的價值。

二、「三事」的內涵

據上所述，〈大禹謨〉雖未明言「三事」即正德、利用、厚生，但從上下文的文意看來，不難推知兩者實屬同一件事，及至《左傳·文公七年》就已直接說「正德、利用、厚生，謂之三事。」但「三事」的內涵為何？孔安國傳只說「正德以率下，利用以阜財，厚生以養民。」[7]所講乃是「三事」的作用，至於其內涵為何？則並未闡述。查考歷來《尚書》主要注家之說，可以發現雖對「三事」已加解說，但所述則未盡相同，究以何者較適切？實有詳細探討的必要。

為便於了解比較，茲先臚列較具有代表性者，包括孔穎達《尚書正義》、林之奇《尚書全解》、蔡沈《書經集傳》三家之說如下：

三事之解說　主要注家	正　德	利　用	厚　生
孔穎達《尚書正義》[8]	正德者，自正其德，居上位正己以治民，故所以率下人。	利用者，謂在上節儉，不為靡費，以利而用，使財物殷阜，利民之用，為民興利除害，使不匱乏，故所以阜財。阜財謂財豐大也。	厚生謂薄征徭，輕賦稅，不奪農時，令民生計溫厚，衣食豐足，故所以養民也。

---

[7] 舊題孔安國傳，孔穎達疏《尚書正義·大禹謨》，同1，頁53。
[8] 舊題孔安國傳，孔穎達疏《尚書正義·大禹謨》，同1，頁54。

林之奇 《尚書全解》[9]	謹庠序之教，申之以孝悌之義，此所謂正德也。	穀與魚鱉不可勝食，材木不可勝用，養生喪死無憾，此所謂利用也。	五畝之宅，樹之以桑，雞豚狗彘之畜，無失其時，百畝之田，勿奪其時，此所謂厚生也。
蔡沈 《書經集傳》[10]	正德者，父慈，子孝，兄友，弟恭，夫義，婦聽，所以正民之德也。	利用者，工作什器，商通貨財之類，所以利民之用也。	厚生者，衣帛食肉，不饑不寒之類，所以厚民之生也。

　　據上表所載，就正德而言，孔穎達以為指在上位者應「自正其德」，並以之治理教化百姓，亦即講求修己治人之道。至於在位者應該自正的是哪些德？則並未明言。林之奇顯然是依照《孟子·梁惠王上》所載王道之說，認為在位者應「謹庠序之教，申之以孝悌之義。」[11]配合《孟子·滕文公上》所述「設為庠、序、學、校以教之。庠者養也，校者教也，序者射也。夏曰校，殷曰序，周曰庠，學則三代共之，皆所以明人倫也。」以及「使契為司徒，教以人倫：父子有親，君臣有義，夫婦有別，長幼有序，朋友有信。」[12]可見其所謂的德應該是指講明人倫的五倫而言。至於蔡沈則明白指出正德之德為「父慈，子孝，兄友，弟恭，夫義，婦聽。」乃家庭之間父子、兄弟、夫婦各自應該謹守的倫理。

---

[9]　林之奇撰《尚書全解·大禹謨》，台北：世界書局影印摛藻堂《四庫全書薈要》經部第一六冊書類，頁 17-80~17-81。

[10]　蔡沈撰《書經集傳·大禹謨》，台北：世界書局，2015 年 3 月 1 版 9 刷，頁 12。

[11]　朱熹集注《孟子集注·梁惠王上》，台北：大安出版社《四書章句集注》，2005 年 8 月第 1 版第 5 刷，頁 282。

[12]　朱熹集注《孟子集注·滕文公上》，同 10，頁 355、361。

　　綜而言之，正德之德究何所指，孔穎達並未明言；蔡沈所言則僅限於家庭倫理；林之奇主張的五倫之說，除家庭倫理以外，更涉及社會倫理、政壇倫理；相較之下，應以林之奇所講較為周遍可從。

　　就利用而言，孔穎達以為指在上位者應節省用費，把經費朝有利的方向運用，使財物富足，以為人民興利除害，基本上可用《論語・學而》孔子所說「節用而愛人」[13]概括。林之奇還是按照《孟子・梁惠王上》王道之說，以為乃在使農漁產品、生活所需之材木等充裕供應，讓人民養生喪死所必要的物資不致缺乏，所重在提供百姓豐厚的維持生計之物資。至於蔡沈則以為乃指製作器物、貿遷有無，以利於人民生活之用，較偏重於工商業的活動。

　　綜而言之，三家各有所見，但也各有所偏重，或偏重於財政的規劃，以杜絕靡費，為民興利；或偏重於民生資源的充分供應；或偏重於工人製作器物，商人流通貨物，以便利於人民的使用；三說其實可以互補互足。只不過蔡沈之說配合其下將厚生導向農業，而以利用指工商業活動，以上古社會從事工商活動者乃屬少數，則其照應層面似有稍嫌狹隘的缺失。

　　就厚生而言，孔穎達以為指在上位者應輕徭薄斂，以減輕人民的負擔；施政也應不妨害農作的適切時節，使人民得以致力生產而使民生物資充裕富足。林之奇仍然依照《孟子・梁惠王上》所述王道的脈絡，以為不論種桑養蠶、繁殖牲畜、耕作

---

[13] 朱熹集注《論語集注・學而》：「子曰：『道千乘之國，敬事而信，節用而愛人，使民以時。』」，台北：大安出版社《四書章句集注》，2005年8月第1版第5刷，頁63。

土地皆有適當時節，施政即以不妨害其時節為要。至於蔡沈則
配合利用之重視工商活動，以為厚生所重乃在於農業活動。

綜而言之，孔穎達除主張減輕徭役賦稅以外，又重視不奪
民時；林之奇所主張之「無失其時」、「勿奪其時」，與孔穎
達不奪民時之主張相同；蔡沈之衣帛食肉，不饑不寒，也是取
義於《孟子‧梁惠王上》的王道理念，與林之奇類似。以此而
言，三說有其相通之處，與《論語‧學而》孔子「使民以時」
之說基本符合。

以上所列三家，個別而論，孔穎達所講之正德，雖未明言
是哪些德，但德目眾多，難以殫舉，不一一點明，雖嫌模糊，
但似無不可。所講之利用，重在制節儉用，減少靡費，而以充
裕的財務用來為民興利除害。所講之厚生，重在輕徭薄斂，不
奪民時，使民生富足。相較於後兩家在利用、厚生方面偏重於
民生物資的供應不缺，更注重財務的規畫及賦役制度。故就利
用、厚生而言，其照顧層面顯然比較充分周遍。

林之奇所講完全依照《孟子‧梁惠王上》所述王道的構想，
正德係就五倫之教而言，因五倫之教可以類推，[14]實際上已可
涵蓋所有德性，對正德的詮釋可謂最適切。利用則就百姓衣食
日用所需物資的供應無缺而言；厚生乃就不妨害生產適當時節
著眼，亦在使民生所需物資的充分供給；由是可見其所謂的利
用、厚生其實並沒有明顯的區別。[15]

---

[14] 參見董金裕〈人際關係的和諧之道──《尚書‧堯典》「五教」之所指及吾人
應有的認識〉，北京：文化藝術出版社《第七屆世界儒學大會學術論文集》
2016 年 12 月第 1 版第 1 刷，頁 178~190。本書已收錄此文。

[15] 按依《孟子‧梁惠王上》王道的理念，「穀與魚鱉不可勝食，材木不可勝用，

　　蔡沈所講之正德僅限於家庭倫理，固然可以如《孟子‧梁惠王上》引用《詩‧大雅‧思齊》「刑于寡妻，至于兄弟，以御于家邦」之意，[16]由家庭倫理推而廣之而及於各類倫理，但從表面上看來，不免有較侷限之嫌。至其所講利用、厚生乃分就工商業、農業活動而言，也同樣顯現照顧層面仍有不足的缺憾。

　　綜上所述，三事之內涵，各家所述雖可相補互足，但就照顧層面之周全普遍而論，筆者以為正德方面以林之奇之說較為可取，利用、厚生方面則皆以孔穎達之說較為可取。

三、「三事」的現代意義

　　「三事」的提出遠在舜、禹時代，距今至少在四千年以上，既然已經時移勢異，其說在現代是否仍有價值？筆者以為如能妥加詮釋轉化，仍然可以發揮作用而有其意義，茲就所見申述如下。

（一）、修己助人，共謀群體之發展

　　從《古文尚書‧大禹謨》所載大禹對帝舜提出「三事」的

養生喪死無憾。」與「五畝之宅，樹之以桑，雞豚狗彘之畜，無失其時，百畝之田，勿奪其時」，皆屬養民之政，林之奇勉強將之析分為二事，是故界線會模糊不清。

16　《孟子‧梁惠王上》：「老吾老以及人之老，幼吾幼以及人之幼，天下可運於掌。《詩》云：『刑于寡妻，至于兄弟，以御于家邦。』言舉斯心加諸彼而已。故推恩足以保四海，不推恩無以保妻子，古之人所以大過人者無他焉，善推其所為而已矣。」同 11，頁 289。

背景，可以看出「三事」明顯是就帝王，而非廣大人群而言，
孔穎達《尚書正義》、林之奇《尚書全解》的說解，其實已透
露出此種訊息，蔡沈《書經集傳》所說「正德者……所以正民
之德也」、「利用者……所以利民之用也」、「厚生者……所
以厚民之生也」，明顯的是從統治者的立場發言，最能反映出
這種意涵。

　　時至今日的民主法治時代，並無過去的專權帝王，雖然仍
有擔任官職以推行政務者，但已經不是能專擅權勢的人，而且
從某種意義來說，反而是為人民服務的公僕，是故「三事」就
不能局限於官員，認為他們才有其責，而是大家必須共同承擔、
一致努力的目標。

　　據上所述，「三事」在現代其實已是全民的責任，因此就
正德而言，大家都應該修養自身的品德以影響他人，如此正己
而正人，造成良善的互動、循環，以期達到己欲立而立人，己
欲達而達人的境地。就利用而言，制節儉用，將有限的資源運
用在對社會群體最有利的方向，不僅可以消除糜費，更能夠因
惜物愛物而對大自然善盡保護之責，維持良好的生態。就厚生
而言，或發展百業以提供民生日用的方便，或講求工作效率以
減輕整體的負擔，既能善盡其本分，更能與大家互助合作，在
全民的群策群力之下共謀群體的發展。孫中山先生嘗謂：「物
種以競爭為原則，人類則以互助為原則。社會國家者，互助之
體也，道德仁義者，互助之用也。」[17]即是此義。

---

[17] 孫中山著《孫文學說・第四章以七事為證》，台北：黎明文化事業股份有限
　　公司，1984 年 3 月 3 版，頁 41。按孫中山先生認為進化之時期可分為三期：
　　物質進化時期、物種進化時期、人類進化時期，並指出不同於物種時期之以

（二）、教養兼施，生理與心靈並重

「三事」的推行是否有其順序？歷來的《尚書》主要注家分別表達了不同的看法。贊同有其順序，並以正德為先，利用、厚生為後者為孔穎達，他說：

> 此三者之次，人君自正乃能正下，故以正德為先，利用然後厚生，故後言厚生。[18]

其意以為應依〈大禹謨〉所述先後為序，正德為先，利用次之，最後才是厚生。

林之奇則認為「三事」所重在和而非在序，他說：

> 謂之惟和，亦非謂三事之和先正德而後利用、厚生。[19]

即不認為三者有其順序。蔡沈對三者是否有其順序，並未表示看法，與林之奇之見略同。

蘇軾《東坡書傳》則贊同有其順序，但又與孔穎達不同，認為應以利用、厚生為先，正德為後，他說：

> 所謂三事也，《春秋傳》曰：「民生厚而德正，用利而事節。」正德者，《管子》所謂「倉廩實而知禮節，衣食足而知榮辱」也。利用，利器用也。厚生，時使薄斂也。使民之賴其生也者厚也，民薄其生則不難犯上矣！

競爭為原則，人類進化時期以互助為原則，人類順此原則則昌，不順此原則則亡。

[18] 舊題孔安國傳，孔穎達疏《尚書正義・大禹謨》，同1，頁54。

[19] 林之奇撰《尚書全解・大禹謨》，同9，頁17-80。

> 利用、厚生而後民德正。先言正德者，德不正，雖有粟，
> 吾得而食諸？[20]

陳櫟《書集傳纂疏》引用《孟子》無恆產則無恆心之說，以及
《論語》先富後教之旨，[21]雖未明言「三事」之順序，但隱約
可見其與蘇軾看法略同。

　　按《論語・子路》記載：「子適衛，冉有僕。子曰：『庶
矣哉！』冉有曰：『既庶矣，又何加焉？』曰：『富之。』曰：
『既富矣，又何加焉？』曰：『教之。』」[22]論者常據此章認
為孔子主張治理百姓應先富而後教。又《孟子・滕文公上》也
記載滕文公問為國，孟子答語有云：「民之為道也，有恆產者
有恆心，無恆產者無恆心，苟無恆心，放辟邪侈，無不為已。」
[23]另《孟子・梁惠王上》講王道之政，也強調養生喪死無憾為
王道之始，及至五十者可以衣帛，七十者可以食肉，數口之家
可以無饑之後，還要謹庠序之教，申之以孝悌之義，可使頒白
者不負戴於道路。似乎也是先講求人民的生計而後推行教化。

　　上述孔子、孟子之言表面上看來固然有先後之次序，其實
施政並不能將教、養二事強分孰先孰後，孔、孟所言各有其當，
如果僅拘泥於言語的表面，而不能善體其真正的意旨，可謂不
善讀古人之書矣！呂祖謙《增修東萊書說》云：

> 正德，所以正其心；利用、厚生，所以養其生。養其生

---

[20] 蘇軾撰《東坡書傳・大禹謨》，台北：世界書局影印摛藻堂《四庫全書薈要》
經部第一七冊書類，頁 18-18。
[21] 陳櫟撰《書集傳纂疏・大禹謨》，台北：世界書局影印摛藻堂《四庫全書薈
要》經部第一八冊書類，頁 19-462～19-463。
[22] 朱熹集注《論語集注・子路》，同 12，頁 199。
[23] 朱熹集注《孟子集注・滕文公上》，同 10，頁 354～355。

> 所以正其心，所謂日用飲食，徧為爾德也。[24]

可見正德以正其心，與利用、厚生以養其身本為一體，是故我們推行「三事」，應該教養兼施，不宜強分先後，並重生理需求與心靈陶冶，才能使百姓身心康寧，生活樂利。

四、結　語

　　《古文尚書・大禹謨》所述「三事」：正德、利用、厚生，即使是判定《古文尚書》為偽的閻若璩也認為〈大禹謨〉句句有本，《左傳・文公七年》在強調施政必須務德時，更引用其文。凡此皆可見「三事」誠屬有其依據，歷來也頗受重視而被用來作為施政的大法則。

　　惟「三事」的確切意涵為何？人言言殊，經比較《尚書》各主要注家的解說，雖然可以相互補足，但覈實而論，正德的內涵要以林之奇根據《孟子》，而以五倫當之，照顧層面較為周遍為最適切。利用、厚生的內涵則以孔穎達分別以節用愛人，以及輕徭薄斂、使民以時釋之，同樣以照顧層面較為周遍為最適切。

　　按「三事」本來係針對在位者而言，但到了現代則可運用至每個人身上，期望每個人都能互正其德、互利其用、互厚其

---

[24] 呂祖謙撰，時瀾增修《增修東萊書說・大禹謨》，同 20，頁 18-231~18-232。按文中「日用飲食，徧為爾」出自《詩經・小雅・天保》：「民之質矣，日用飲食。群黎百姓，徧為爾德。」朱熹《詩集傳》解為民性質實無偽，只注重日用飲食，但能效法君王之德，以助成德教。有兼重日用飲食與道德教化之意。

生，彼此協力合作，以共謀整體的發展，使人群社會更加繁榮進步。再就每個人的生命而言，不外身、心二端，為維持身體的健康，有賴於滿足衣食等生理的需求；為讓精神有所寄託，則必須讓心靈得到適當的陶冶；是故「三事」宜兼施並行，交互運用，如此我們的生命才能達到《尚書‧洪範》所述「五福」之中的「康寧」境界。[25]依此而論，「三事」在今天仍饒具意義，而有其值得重視並努力推行的價值。

　　── 原發表於 2017 年 11 月廈門「第九屆海峽兩岸國學論壇」，
　　後被收錄於《吉林師範大學學報（人文社會科學版）》2018
　　年第 2 期，2018 年 3 月

---

[25]《尚書‧洪範》記述周武王於得天下後，向商朝遺臣箕子請教治理天下之道，箕子乃向周武王陳述九項治理天下的大法則，即所謂「洪範九疇」，其第九項為「嚮用五福，威用六極。」意謂用五福勸勉百姓向善，用六極懲治為惡的百姓以立威。進而指出五福為「壽、富、康寧、攸好德、考終命」，「康寧」即為五福之一，康指身體的健康，寧指心神的安寧，兼顧了生理與心靈的健全。參見董金裕〈《尚書‧洪範》中與「國民幸福指數」相關的概念──五福〉，北京：文化藝術出版社，《第五屆世界儒學大會學術論文集》2013年 7 月 1 版 1 刷，頁 295~302。本書已收錄此文。

貳、從維繫政權之道到共同校訓

──《管子‧牧民》「四維」說性質的演變及其意義

一、前　言

　　近幾年以來，台灣海峽兩岸的教育文化交流日益密切，除了以學者專家為主參與的學術研討會以外，中小學教師的互訪切磋更是十分頻繁。筆者由於長期以來都在負責主編台灣的國民中學、高級中學國文教科書，所以應邀參加兩岸中小學教師交流活動的機會很多，或發表專題演講，或參加座談會。在與大陸教師的互動中，不管是在台灣或者在大陸，都有教師向我詢問何以台灣的中小學校園內經常可以看到「禮義廉恥」的題字？

　　按「禮義廉恥」四個字合稱「四維」，首見於《管子‧牧民》，其言曰：

　　　倉廩實，則知禮節；衣食足，則知榮辱。上服度，則六
　　　親固；四維張，則君令行；故省刑之要，在禁文巧；守

> 國之度，在飾四維。……四維不張，國乃滅亡。[1]

又曰：

> 國有四維，一維絕則傾，二維絕則危，三維絕則覆，四維絕則滅。傾可正也，危可安也，覆可起也，滅不可復錯也。何謂四維？一曰禮，二曰義，三曰廉，四曰恥。[2]

將「禮義廉恥」認定為國之四維，與政權的興衰存亡關繫甚大，為負有治國理民之責者所應特別注重。

按《管子》相傳為春秋初期輔佐齊桓公建立霸業的管仲所著，但今傳《管子》，不論從行文方式、思想內容、史實、地理……等各方面判斷，很明顯的可以看出並非春秋初期的作品，亦即《管子》乃是後人依託而作的，而且並非一時一人之作。

《管子》一書，《漢書‧藝文志》將之著錄於道家，但《隋書‧經籍志》則改著錄於法家，自此以後，公私著錄大多依從《隋書‧經籍志》之說。細考其書各篇，包羅甚廣，絕非道、法兩家所能完全涵蓋，所以又有人認為應該列於雜家。核其內容，確實符合《漢書‧藝文志》所云：「兼儒、墨，合名、法，知國體之有此」[3]的雜家性質，雖然所重在法家、道家，然而也含有儒家思想的成分在內，因此重視儒家所強調的「禮義廉恥」，並且將之定位為國之四維，也就不足為奇了。

---

[1] 尹知章注，戴望校正《管子‧牧民‧國頌》，台北：世界書局《新編諸子集成》第五冊，1972 年 10 月新 1 版，頁 1。

[2] 尹知章注，戴望校正《管子‧牧民‧四維》，同 1，頁 1。

[3] 班固撰，顏師古注，王先謙補注《漢書‧藝文志》，台北：藝文印書館影印光緒庚子春日長沙王氏校勘本，頁 897。

　　然則在台灣中小學校園內所出現的「禮義廉恥」題字，並非因為它是維繫政權之道，而是由於它已轉化而成為各級學校的共同校訓。何以會有這種性質的轉變？以及其所顯示的意義為何？即為本文所要探討的重點。

二、《管子》對「四維」的定位及詮釋

　　《管子・牧民》於提出「四維」之說以後，除了為「四維」作定位，也對「四維」作簡要的解說，其言曰：

> 國有四維，一維絕則傾，二維絕則危，三維絕則覆，四維絕則滅。傾可正也，危可安也，覆可起也，滅不可復錯也。何謂四維？一曰禮，二曰義，三曰廉，四曰恥。禮不踰節，義不自進，廉不蔽惡，恥不從枉。故不踰節，則上位安；不自進，則民無巧詐；不蔽惡，則行自全。不從枉，則邪事不生。[4]

認為「四維」乃維繫政權的關鍵，如果四維完全斷絕，則國家將會滅亡而不可挽救。此外，並分別為「四維」下定義，而且說明實施「四維」的成效。可惜因為用字太簡，未必能充分闡明其意涵及作用。檢視《管子》其他篇章，發現如〈五輔〉云：

> 義有七體，禮有八經，……義有七體，七體者何？曰：孝悌慈惠，以養親戚；恭敬忠信，以事君上；中正比宜，以行禮節；整齊撙詘，以辟刑僇；纖嗇省用，以備飢饉；敦懞純固，以備禍亂；和協輯睦，以備寇戎。凡此七者，

---

[4] 尹知章注，戴望校正《管子・牧民・四維》，同1，頁1。

> 義之體也。……民知義矣,而未知禮,然後飾八經以導
> 之禮。所謂八經者何?曰:上下有義,貴賤有分,長幼
> 有等,貧富有度,凡此八者,禮之經也。[5]

對禮、義的內涵、效用,有比較詳細的解說,但並非十分清楚
嚴謹。另外對於禮、義之間的關係,在〈心術上〉也有所說明:

> 君臣父子、人間之事,謂之義。登降揖讓、貴賤有等、
> 親疏之體,謂之禮。……義者,謂各處其宜也。禮者,
> 因人之情,緣義之理,而為之節文者也。故禮者謂有理
> 也,理也者,明分以諭義之意也。故禮出乎義,義出乎
> 理,理因乎宜也。[6]

闡述禮必須順乎人情,合乎義之理,才能達到節制或文飾的效
果。而所謂義之理,則指舉措合宜,無過與不及之意。又於〈版
法解〉中指出缺乏禮義所造成的弊害,曰:

> 凡人君者,欲民之有禮義也;夫民無禮義,則上下亂而
> 貴賤爭。[7]

但上述三則引文,皆僅針對禮義兩者進一步闡述,而且還
是不夠詳細明晰,根本未及於廉恥。只有在〈權修〉中才針對
禮義廉恥四者全面論說,可是卻依然是語焉不詳,甚至於四者
之外另加上「正」而「禁微邪」,其言曰:

> 凡牧民者,欲民之正也;欲民之正,則微邪不可不禁

---

[5] 尹知章注,戴望校正《管子·五輔》,同 1,頁 47~48。
[6] 尹知章注,戴望校正《管子,心術上》,同 1,頁 219~221。
[7] 尹知章注,戴望校正《管子·版法解》,同 1,頁 340。

也。……凡牧民者，欲民之有禮也；欲民之有禮，則小
禮不可不謹也。……凡牧民者，欲民之有義也；欲民之
有義，則小義不可不行也。……凡牧民者，欲民之有廉
也；欲民之有廉，則小廉不可不修也。……凡牧民者，
欲民之有恥也，欲民之有恥，則小恥不可不飾也。凡牧
民者，欲民之修小禮、行小義、飾小廉、謹小恥、禁微
邪，此屬民之道也。民之修小禮、行小義、飾小廉、謹
小恥、禁微邪，治之本也。[8]

　　總之，除了〈牧民〉篇以外，《管子》書中對「四維」的
屬性及意涵，似乎並沒有進一步的發揮，尤其是對於廉恥更是
幾近毫無詮釋。所以會如此疏略而缺乏照應，當然是由於該書
本來就非一時一人之作，嚴謹度相對不足的緣故。也許就是因
為如此，才會引起後儒的一些迴響，而對其定位採取不同的解
讀。

三、後儒對《管子》「四維」說的迴響

　　歷來對《管子・牧民》所述國之四維說提出看法者頗多，
茲依時代先後，撮舉較具有代表性者述之於下。

　　漢代賈誼對《管子》四維之說頗為肯定，於其〈治安策〉
中加以引述，極力強調四維的重要性，曰：

今世以侈靡相競，而上亡制度，棄禮誼（義）、捐廉恥
日甚，可謂月異而歲不同矣！……管子曰：「禮義廉恥，

---

[8] 尹知章注，戴望校正《管子・權修》，同 1，頁 8。

是謂四維；四維不張，國乃滅亡。」使管子愚人也則可，
管子而少知治體，則是豈可不為寒心哉！秦滅四維而不
張，故君臣乖亂，六親殃戮，姦人並起，萬民離叛，凡
十三歲，社稷為虛。今四維猶未備也，故姦人幾幸，而
眾心疑惑。豈如今定經制，令君君臣臣，上下有差，父
子六親各得其宜，姦人亡所幾幸，而羣臣眾信，上不疑
惑。此業壹定，世世常安，而後有所持循矣。[9]

在肯定《管子》的四維之說後，進而以為秦之所以親戮民叛而
敗亡，乃在於滅四維而不張。可惜直至賈誼對策之時，漢興已
經二十餘年，四維仍然不張，因此建請漢文帝早定經制，完備
四維，以期後世常保安定太平，而有依循的準則。

唐代柳宗元則對《管子》將禮義廉恥並列為四維之說抱持
異議，認為只有禮義二維，因廉恥皆屬於義的範疇。進而認為
以禮義廉恥為四維並非管子之言，其言曰：

《管子》以禮義廉恥為四維，吾疑非管子之言也。彼所
謂廉者，曰不蔽惡也；世人之命廉者，曰不苟得也。所
謂恥者，曰不從枉也，世人之命恥者，曰羞為非也。然
則二者果義歟？非歟？吾見其有二維，未見其所以為四
也。夫不蔽惡者，豈不以蔽惡為不義而去之乎！夫不苟
得者，豈不以苟得為不義而不為乎！雖不從枉，與羞為
非，皆然。然則廉與恥，義之小節也，不得與義抗而為
維。……聖人之所以立天下，曰仁義。仁主恩，義主斷；
恩者親之，斷者宜之，而理道畢矣！蹈之斯為道，得之

---

[9] 班固撰，顏師古注，王先謙補注《漢書‧賈誼傳》，同 3，頁 1073～1074。

斯為德，履之斯為禮，誠之斯為信，皆由其所之而異名。
今管氏所以為維者，殆非聖人之所立乎！……則四維者
非管子之言也。[10]

其意以為《管子》將廉解為不蔽惡，與世人之解為不苟得不同；
將恥解為不從枉，與世人之解為羞為非不同；可見其對廉、恥
的詮釋與一般人的見解已有差異。尤為重要的是不論將廉解為
不蔽惡或不苟得，將恥解為不從枉或羞為非，兩者皆屬於義的
範疇，亦即廉恥可以歸之於義，而不能獨立出來與禮義並列，
如此則四維就只剩下二維了。但所餘的禮義二維是否即為維繫
政權之道？柳宗元並未明白表示其看法。其說對禮義廉恥其實
並無排斥之意，只是認為在詮釋和歸類上並不確當而已。

　　宋代歐陽修與柳宗元同為唐宋古文八大家之一，且為宋代
古文運動的宗師，對《管子》之說則甚表推崇，但卻將重點放
在廉恥之上，與柳宗元大異其趣。他於《五代史記‧雜傳》中，
論及馮道〈長樂老敘〉之時云：

傳曰：「禮義廉恥，國之四維，四維不張，國乃滅亡。」
善乎管生之能言也。禮義，治人之大法；廉恥，立人之
大節。蓋不廉則無所不取，不恥則無所不為，人而如此，
則禍敗亂亡亦無所不至。況為大臣而無所不取，無所不
為，則天下其有不亂，國家其有不亡者乎！予讀馮道〈長
樂老敘〉，見其自述以為榮，其可謂無廉恥者矣！則天
下國家可從而知也。[11]

---

[10] 柳宗元撰《柳河東集》，台北：河洛出版社影印宋咸淳廖氏世綵堂刻本，1974
　　年 12 月臺影印初版，頁 49。
[11] 歐陽修撰《五代史記‧雜傳》，台北：藝文印書館影印清武英殿刊本，頁 754。

按歐陽修之言係針對五代馮道而發。考馮道歷仕後唐、後晉、後漢、後周四代十君，在操守上有可議之處，但他卻頗為得意，自號「長樂老」，並引以為榮，當時的人對他也很表推崇讚頌，歐陽修很不以為然，因而從廉恥的角度加以撻伐。

從歐陽修的語意中，顯然可以看出已將四維分為兩類，一為治人之大法的禮義，二為立人之大節的廉恥，兩類之中尤其強調廉恥的重要，而有「不廉則無所不取，不恥則無所不為，人而如此，則禍敗亂亡亦無所不至」的義憤之言。

明末清初的顧炎武在經歷國破家亡的椎心之痛以後，不恥於當時變節降清者的行徑，進而認為四維當中，恥尤其重要。他在引述歐陽修《五代史記·雜傳》對馮道的評論以後，對恥更加強調，曰：

> 然則四者之中，恥尤為要。故夫子之論士曰：「行己有恥。」孟子曰：「人不可以無恥，無恥之恥，無恥矣！」又曰：「恥之於人大矣！為機變之巧者，無所用恥焉。」所以然者，人之不廉而至於悖禮犯義，其原皆生於無恥也。故士大夫之無恥是謂國恥。[12]

認為不廉以至悖禮犯義，也就是行為不合乎禮、義、廉者，根源都在於無恥。從歐陽修所重的廉恥，又更進一步的將重點集中於恥，強調士大夫為觀瞻所繫，更應該具備恥的觀念。

綜合以上賈誼、柳宗元、歐陽修、顧炎武四家之說，雖然對於《管子·牧民》所提的四維各有所重，有對禮義廉恥皆極

---

[12] 顧炎武撰《日知錄》，台北：明倫出版社，1970 年 10 月 3 版，頁 387。

表重視者，有將重點置於禮義者，有將重點置於廉恥者，也有將重點完全置於恥者。但即使如柳宗元以為廉恥可歸之於義，所以四維僅剩二維，至少對於所剩的禮義二維，甚至於可涵蓋於義當中的廉恥，也並無排斥之意。亦即四家雖然各有所重，但都肯定了四維。不過從他們的言論看來，自柳宗元以下三人，似乎都已認為四維並非都是維繫政權之道，而較偏重於個人操守的堅持了。

四、「四維」轉為各級學校的共同校訓

民國 23 年（1934），時任國民政府軍事委員會委員長的蔣中正先生，在江西南昌行營發起新生活運動，主張「務使一般國民的衣食住行統統能合乎禮義廉恥」。[13]將禮義廉恥拿來統攝中華民族固有的一切美德，定為新生活運動的準則，期使全體國民容易記憶並實行。其言曰：

> 其實無論「禮、義、廉、恥」無論「孝、弟、忠、信」，無論「忠孝、仁愛、信義、和平」或是「智、信、仁、勇、嚴」，雖然德目之多寡，與文字之標示各不相同，而其所指之真實意義，都是互相包涵，互相關聯，可以彼此發明，貫通一致的。……我們現在規定「禮義廉恥」為新生活運動的準則，並不是說丟開其他的德目不要，也沒有分別取捨的意思在內，其真正意義乃是特別選定這簡單明切四個字，拿來統攝我們民族固有的一切美

---

[13] 蔣介石著，秦孝儀編《總統蔣公思想言論總集‧新生活運動之要義》，台北：中國國民黨中央委員會黨史委員會，1984 年 10 月出版，頁 75～76。

德，使全國國民易於記憶，易於實行，使得個個人都能「重禮、尚義、明廉、知恥」，從而發揚民族道德，以樹立精神國防，奠定國家千萬年的精神基礎！[14]

為了讓國民容易知曉記憶，他並且進一步的將禮義廉恥的意涵，用既口語化又對稱的方式，重加詮釋如下：

……所以我說禮是規規矩矩的態度。……所以我說義是正正當當的行為。……所以我說廉，就是清清白白的辨別。……所以我說「恥」就是切切實實的覺悟。[15]

到了對日抗戰時期，於民國 28 年（1939）〈新生活運動五週年紀念訓詞〉中，又將原來的詮釋配合時勢重加調整如下：

我現在要為我們同胞說明抗戰期中國民生活規律應有的意義：第一、先就「禮」字來講，原本解釋是「規規矩矩的態度」，但到現在就應該由規規矩矩的態度，進為「嚴嚴整整的紀律」。……第二、再就「義」字來講，原來解釋是「正正當當的行為」，但到現在就應該由正正當當的行為，進為「慷慷慨慨的犧牲」。……第三、再就「廉」字來講，原本解釋是「清清楚楚的辨別」，到現在就應該由清清楚楚的辨別，進為「實實在在的節約」。……第四、再講到「恥」字，原本解釋是「切切實實的覺悟」，到現在就應該由切切實實的覺悟，進為

---

[14] 蔣介石著，秦孝儀編《總統蔣公思想言論總集・禮義廉恥的精義》，同 13，頁 192～193。

[15] 蔣介石著，秦孝儀編《總統蔣公思想言論總集・禮義廉恥的精義》，同 13，頁 193～195。

「轟轟烈烈的奮鬥」。[16]

從他的說明中，可以明白看出作此調整的原因，完全是為了適應對抗日本侵略戰爭的需要，鼓勵大家在戰時要守紀律、肯犧牲、能節約、作奮鬥。

同年（即民國 28 年），教育部明定「禮義廉恥」為各級學校的共同校訓，對此共同校訓的意涵則以蔣中正先生第一次的詮釋為準。

民國 65 年（1976），教育部容許各校依照本身的特色自訂校訓，但仍以禮義廉恥為共同校訓，一直延續至今。其實早在此年以前，有些學校已自訂校訓，此後自訂校訓的學校日增，但基本上大多是大學校院及高級中學、高級職業中學，至於國民中學、國民小學則少有自訂校訓者。大陸中小學教師來台，至各校參觀訪問，經常會看到「禮義廉恥」的題字，其實多數是在國民中學、國民小學看到的。

探討將「禮義廉恥」定為各級學校共同校訓的緣由，必須追溯到新生活運動將「禮義廉恥」作為運動的準則，其用意乃在於「務使一般國民的衣食住行統統能合乎禮義廉恥」。由此可見當時「禮義廉恥」的屬性已偏向於個人的涵養，儘管還可以稱之為「維」，但所維繫的已經是國人日常生活所應遵循的規範，而不是政權了。

---

16 蕭繼宗編：《新生活運動史料・新生活運動五週年紀念訓詞》，台北：中國國民黨中央委員會黨史委員會，1975 年 12 月出版，頁 67〜68。按此文並未收錄於《總統蔣公思想言論總集》。

五、「四維」性質演變的意義

　　《管子‧牧民》認為禮義廉恥為國之四維，並且指出「一維絕則傾，二維絕則危，三維絕則覆，四維絕則滅，」將其定位為維繫政權之道。但四維斷絕何以會造成政權滅亡的嚴重後果？其實《管子》並沒有令人信服的論證。又其將四維詮釋為「禮不踰節，義不自進，廉不蔽惡，恥不從枉，」基本上乃是偏就個人修為而言，與政權的存亡實缺乏直接的關係。歐陽修雖未否認「禮義廉恥」乃國之四維的說法，但稱「禮義，治人之大法；廉恥，立人之大節。」則似乎已將四維分屬修己、治人兩個方面，在其心目中，禮義屬治人之大法，與政權的維繫尚屬密切；至於廉恥則在立人之大節，顯然已偏重於個人節操的樹立，未必就與政權的存亡有直接的關係了。

　　到了現代，將四維的性質轉為各級學校的共同校訓，由於乃是淵源於新生活運動，而作為此運動的準則，所代表的其實是中華民族固有的一切美德，所要求的是讓國民的食衣住行皆能合乎這一準則，亦即在養成國人的良好生活習慣。而其對四維的解釋則已改為「禮是規規矩矩的態度」、「義是正正當當的行為」、「廉是清清白白的辨別」、「恥是切切實實的覺悟」，所謂態度、行為，以至於辨別、覺悟，顯然完全是針對個人而發的。

　　從維繫政權之道到針對個人而發、期望國人養成良好生活習慣的共同校訓，此一演變，鄙見以為至少有下列三點意義：

　　一為貼近國民的日常生活，比較容易知曉實踐。

　　如前所述，共同校訓源於新生活運動的準則，其所要求的是「務使一般國民的衣食住行統統能合乎禮義廉恥」，從日常生活的衣食住行做起，所作的解釋也比較明白易曉。已經不再如同維繫政權之道，只要「肉食者謀之」即可，而是與每個人的切身日用有很大的關聯，當然就不致於有事不關己的感覺，而比較容易接受並且身體力行了。

　　二為既屬各級學校的共同校訓，可以達成向下紮根的功效。

　　如前所述，教育部先明定禮義廉恥為各級學校的共同校訓，其後又允許各校依其特色自訂校訓，但仍以禮義廉恥為共同校訓，不過自訂校訓者大多數為大學校院及高級中學、高級職業中學，至於國民中學、國民小學則絕少有自訂校訓者。則將「禮義廉恥」導入校園，讓學生在就讀國民小學、國民中學的兒童、少年階段，接受薰陶，在潛移默化中養成良好的生活習慣，以收向下紮根的效用，對學生日後正向人格的養成必然會產生很大的影響。

　　三為由修己以達治人，循序而進，對政局的維穩亦有助益。

　　社會大眾如能在兒童、少年時期即能養成良好的生活習慣，逐步培養正向的人格操守，對於人際關係的和諧、社會秩序的安定，必能發揮功效，推而廣之，對於政局的維持穩定亦將有所裨益。如此說來，「禮義廉恥」儘管並非即為維繫政權之道，但從個人，以至家庭、社會、國家，甚至全世界，仍有其維持局勢穩定，以避免紛爭動亂的作用在。

六、結　語

　　綜合以上所述，自從《管子·牧民》首先將「禮義廉恥」定為國之四維，乃維繫政權之道以來，歷代儒者雖然皆表推崇，但從其所提出的看法，從對禮義廉恥四者皆表重視，到只重視禮義或只重視廉恥二者，到只重視恥而已，雖然各有其時代背景或個人的遭遇感受，但隱約可以看出對原有的屬性似乎已有所挑戰。直到新生活運動將「禮義廉恥」定為準則，後來並被明定為各級學校的共同校訓，成為國民日常生活的規範，其屬性顯然已經起了很大的變化。

　　探究此種演變，實有將「禮義廉恥」落實於生活、讓傳統美德向下紮根，以及由修己漸次以達治人目標的意義在。由此可以看出所謂四維之「維」，就其意涵而言，所重乃在於個人的修為，但對於政權的維繫，仍有間接促成的作用。就此而言，不論其性質如何演變，「禮義廉恥」對個人抑或政權，都不失其為「維」的地位，值得我們重視珍惜而確實踐履之。

——原發表於 2015 年 10 月台北「論道與經邦——2015 海峽兩岸儒學高峰論壇」，被收錄於《孔孟月刊》第五十四卷第一、二期，2015 年 10 月